职业教育物流类专业系列教材

智慧物流与供应链基础

主　编　张庆梅

副主编　冼　诗　陈艺璇

参　编　王　钦　党偲月　林晓静

　　　　冯宜英　张　怡

机械工业出版社

CHINA MACHINE PRESS

本书为全国物流职业教育教学指导委员会"基于新专业标准的物流类专业教材建设"专项课题研究成果教材。

本书遵循学生认知和学习规律，由浅入深，从智慧物流的认知入手，深入探讨了智慧物流系统的仓储、运输、配送及订单管理等应用；涵盖了射频识别、定位跟踪、无车承运平台、无人机 / 无人车以及数字孪生技术在物流、供应链领域的创新应用，系统阐述了智慧供应链的建设、采购、库存、生产和物流管理，并引入智慧供应链的绩效评价及安全风险管控，将数字化、网络化、智慧化的物流与供应链发展过程中呈现出来的新理念、新技术、新工艺、新规范引入教材。旨在培养智慧物流与供应链高质量发展背景下，中高职物流和供应链专业学生的基础知识与基本技能操作能力，增强其解决复杂问题的能力，为智慧物流、智慧供应链行业输送高素质高技能型人才提供保障。

本书可作为中职物流服务与管理专业的基础课教材，也可作为物流、供应链企业技能人才评价与认定的培训用书。

图书在版编目（CIP）数据

智慧物流与供应链基础 / 张庆梅主编. -- 北京：机械工业出版社，2025. 8. --（职业教育物流类专业系列教材）. -- ISBN 978-7-111-78676-4

I. F252. 1-39

中国国家版本馆 CIP 数据核字第 2025N0Z756 号

机械工业出版社（北京市百万庄大街 22 号　邮政编码 100037）
策划编辑：宋　华　胡延斌　　责任编辑：宋　华　胡延斌　施　红
责任校对：韩佳欣　陈　越　　封面设计：王　旭
责任印制：单爱军
保定市中画美凯印刷有限公司印刷
2025 年 8 月第 1 版第 1 次印刷
210mm×285mm・11.25 印张・217 千字
标准书号：ISBN 978-7-111-78676-4
定价：39.80 元

电话服务　　　　　　　　　　　网络服务
客服电话：010-88361066　　　机 工 官 网：www.cmpbook.com
　　　　　010-88379833　　　机 工 官 博：weibo.com/cmp1952
　　　　　010-68326294　　　金 书 网：www.golden-book.com
封底无防伪标均为盗版　　　机工教育服务网：www.cmpedu.com

前言

随着国务院办公厅印发《"十四五"现代物流发展规划》，物流行业的发展迎来了新的机遇与挑战。该规划中明确提出，以数字化、网络化、智慧化为牵引，深化现代物流与智能制造、全球化贸易、数字化和信息化技术等融合创新发展，推动形成需求牵引供给、供给创造需求的良性互动和更高水平动态平衡。我们正是基于这样的时代背景编写了本书。本书编写的初衷是通过深入调研智慧物流与供应链企业工作岗位、工作任务、人才需求、综合职业能力和职业素养等方面，立足服务智能制造高质量发展，围绕数字化、网络化、智慧化等新一代技术对物流与供应链领域带来的新应用、新挑战和新要求，通过系统阐述智慧物流与智慧供应链等基础知识体系，促使物流、供应链等专业人才更系统、全面地认知智慧物流与供应链的原理、技术、方法，推动物流与供应链智慧化、智能化转型升级，为系统培养更多智慧物流、供应链高技能人才提供保障。

当前市场上的相关教材种类繁多，各有特色。有些教材教学资源丰富，强调立德树人，通过背景案例融入课程思政，实现理实一体化教学；部分教材采用模块化设计，以任务驱动方式培养中职学生的基础能力，遵循产教融合理念，实施教学改革，注重学生解决实际问题的能力培养。整体来看，市场对此类教材的需求较高，各版教材特色鲜明，但对数字化孪生技术、供应链安全风险防控等内容涉及较少。本书充分结合上述教材特色，采用"点线面体"结构设计，结合 PDCA 循环的理念，将工作任务转换成课堂教学任务；增加数字孪生技术、智慧供应链绩效评价和安全风险防控等内容，涵盖了智慧物流与供应链系统基础知识，创新融合理论知识认知与学习任务活动实践，实施课堂教学改革，体现以学生为中心、以能力为本位的新育人理念；融入课程思政元素，并以二维码的形式呈现智慧物流与供应链应用实际案例，有效促使思政元素在知识认知、技能培养和职业素养塑造过程中实现同步渗透，力求在内容和形式上实现创新和突破，旨在培养符合行业发展需求的综合型、高素质技能人才。

本书是团队协作的成果。编写团队和审核团队由多位国内高职、中职院校骨干教师组成，由广西交通技师学院张庆梅担任主编，广西商贸技师学院冼诗和广西职业技术学院陈艺璇担任副主编，另有广西交通职业技术学院王钦、广西机电工程学校党偲月、广西工业技师学院林晓静、新疆阿克苏地区库车中等职业技术学校冯宜英和新疆交通职业技术学院张怡参与编写。编者均具有丰富的一线职业教育教学经验和企业实战经验，提炼的学习任务具有典型性、真实性和完整性，有效地保障了教材的实用性和针对性。本书的案例得到了江苏京东信息技术有限公司的大力支持，在此表示感谢。

　　由于编者水平所限，书中难免存在错漏之处，敬请读者指正。

编　者

二维码索引

目录

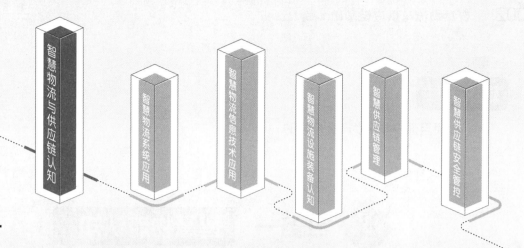

项目一
智慧物流与供应链认知

项目简介

　　伴随新一轮技术革命的深入推进，新一代信息技术正在成为产业发展的强大引擎。从互联网到移动互联网，再到物联网、云计算、大数据、人工智能、区块链等，新一代信息技术驱动了物流与供应链产业的全新变革。当前，智慧物流与供应链发展正成为行业共识。

　　智慧物流与供应链是以人工智能、物联网、云计算、大数据等新一代信息技术为基础，通过科技手段实现物流全过程的自动化、可视化、数字化和智能化，从而提高供应链和物流效率的新业态模式。它能够让物流企业赢得竞争优势，大幅减少物流过程中的环境污染和能源消耗，提高供应链的透明度和安全性，加强与客户和合作伙伴的紧密联系，促进合作共赢，并且能够提高物流企业的运作效益和服务质量，降低成本。

学习目标

知识目标

- 掌握智慧物流与供应链概念、特征。
- 认知智慧物流与供应链发展趋势。

技能目标

- 能够阐述智慧物流与供应链概念及应用场景。
- 能够表述智能制造与智慧物流、智慧供应链之间的关系。

素养目标

- 培养科技创新、新质生产力发展意识。
- 树立绿色发展、安全发展意识。
- 增强服务人民、服务社会的责任意识。

任务一　智慧物流认知

任务情境

杭州亚运会物流中心于2023年6月正式启用，选址位于亚运村、奥体中心等主要场馆的1小时交通圈内，这里也可以说是亚运会赛事物流的"心脏"，承担赛事物资分拨、配送、回收、通关协调及总体配送计划编制等工作，以最大限度地保障物资调配的便利性和时效性。

亚运会物流中心内有两座仓库，一座仓库主要用来存放境外来的物资，另一座仓库则储存境内的亚运会相关物资，包括火炬接力、开闭幕式、计时记分、健康包等各类物资收储区域。作为负责体育器材、技术设备、后勤补给等办赛物资的集中存储场所，在7.2万m²的库区中，穿戴外骨骼设备的"小哥"们装货卸货，数十台无人叉车（AGV）、盘点无人机在托盘间穿梭，保障亚运物资储备安全和高效调配。

 ### 知识储备

一、智慧物流发展背景

2008年，国际商业机器公司（IBM）提出了"智慧地球"的设想。2009年，中国提出了"感知中国"的概念。在物联网的发展背景下，2009年12月，中国物流技术协会信息中心联合华夏物联网、《物流技术与应用》编辑部率先提出"智慧物流"的概念。

目前，智慧物流得到了全球各国以及社会各界的广泛关注和讨论。通常来说，智慧物流是指以互联网为依托，广泛应用物联网、大数据、云计算、人工智能等新一代信息技术，将物联网与现有互联网整合起来，通过精细、动态、科学的管理，实现物流的自动化、可视化、可控化、智能化、网络化，从而降低物流成本，降低环境压力，提高企业利润，实现更高的社会价值。伴随着互联网、物联网、大数据、云计算、人工智能等信息技术与运输行业的深度融合，以"互联网+物流"为特征的智慧物流建设正加快推进，成为全球物流行业发展的新趋势。越来越多的国家出台鼓励政策和发展规划，积极推动智慧物流的发展。

二、智慧物流概念

智慧物流是以信息化为依托并广泛应用物联网、人工智能、大数据、云计算等技术工具，在物流价值链上的运输、仓储、包装、装卸搬运、流通加工、配送、信息服务这六项基本环节实现系统感知和数据采集的现代综合智能型物流。智慧物流可通过智能软硬件、物联网、大数据等信息化技术手段，实现物流各环节精细化、动态化、可视化管理，提高物流系统智能化分析决策和自动化操作执行能力，提升物流运作效率的现代化物流模式。智慧物流可以简单地理解为在物流系统中采用物联网、大数据、云计算和人工智能等先进技术，使整个物流系统运作如同在人的大脑指挥下实时收集并处理信息，做出最优决策，物流系统中各组成单元能实现高质量、高效率、低成本的分工、协同，以实现最优化布局。

智慧物流体系是我国物流产业发展和转型的必由之路，以现代信息技术为标志的智慧物流正步入快速发展阶段。物流行业也处于增速放缓、效率提升、需求调整和动力转换的关键战略发展时期，通过智慧物流来实现转型是行之有效的方式。

智慧物流认知

三、智慧物流特征

智慧物流特征有柔性化、社会化、协同化和智能化。

（1）柔性化。智慧物流柔性化反映了智慧物流"以顾客为中心"的服务理念。它先是在生产领域提出，即真正地根据消费者需求的变化来灵活调节生产工艺。它应用在物流中，反映为按照客户的需求提供个性化、安全可靠、增值性的物流服务。

（2）社会化。随着物流国际化、技术全球化和服务全面化，物流活动不再仅仅局限于一个企业、一个地区或一个国家。为实现货物在国际的流动和交换，以促进区域经济的发展和世界资源优化配置，一个社会化的智慧物流体系正在逐渐形成。

（3）协同化。智慧物流活动既包括企业内部生产过程中的全部物流活动，也包括企业与企业、企业与个人之间的全部物流活动。智慧物流基于物流系统全局优化思想，打破传统企业边界，深化企业分工协作，实现存量资源和闲置资源的最大化利用。

（4）智能化。智能化是物流发展的必然趋势，是智慧物流的典型特征。它贯穿物流活动的全过程，随着人工智能技术、自动化技术、信息技术的发展，物流智能化程度将不断提高。它不仅限于库存水平的确定、运输路线的选择、自动跟踪的控制、自动分拣的运行、物流配送中心的管理等，随着时代的发展，它将不断地被赋予新的内容。

四、发展智慧物流的重要意义

智慧物流能得到快速发展归因于两方面：一方面，现代信息技术的完备和互联网时代的迅猛发展，为智慧物流的发展奠定了坚实的基础；另一方面，物流过程的信息化、网络化、智能化、可视化使物流系统不断完善和优化，为智慧物流提供了信息化管理、运营的平台，在物流业高质量发展的过程中发挥了重要作用。

（1）降低物流成本，提高物流效益。智慧物流使物流服务水平得到整体提升，无论是在物流整体速度，还是物流个性化服务水平方面，智慧物流都对其产生了巨大的推动力。随着智慧物流在社会、经济领域的渗透，全社会的物流成本与信息对称性将成反比关系。信息对称性不断提高，资源配置优化，使社会物流成本随之降低，反之也会对物流资源配置起到更大的优化作用。

（2）优化物流市场主体。随着智慧物流的推动，一些在传统物流业不活跃的行业参与者成为目前物流市场的重要参与者，如数据型企业、平台型企业等，这些企业通过整合社会资源，成功促进物流业升级、推动物流行业市场格局的变动。

（3）改变物流发展方式和商业模式。在互联网+、物联网、大数据等技术的支持下，智慧化物流得到快速发展。智慧物流组织化、集约化、品质化发展，有效改变物流服务模式，提高物流供需匹配度，提升资源配置效率。

（4）提高核心竞争力。物流不仅是生产、分配、交换、消费的纽带，更是紧密衔接进口与出口、原料采购与加工等经济运行环节，智慧物流可以提供绿色、安全、高效、优质的物流服务，有利于与相关产业联动发展，与制造业、商贸业进行业务运作上的紧密对接，促进多产业的协同发展，实现物流、信息流、资金流高效、通畅地运转，有效降低社会成本，提高生产效率，整合优化配置社会资源，从而带动传统制造业和传统消费的转型升级，促进社会、经济发展，提升核心竞争力。

🗡 任务实践活动 ────────────────

一、发布任务实践活动

扫码观看中国杭州亚运会，查阅相关文献资料，以小组为单位，完成以下几个任务：

杭州亚运会物流

1）写出杭州亚运会物资有哪些保障措施。

2）说出智慧物流在哪些环节发挥了重要作用。

3）每组选派一名代表进行成果分享。

二、任务实践活动实施步骤

步骤1：自由组建小组，原则上以4～6人为一组，每组选出1名小组负责人，通过小组讨论确定项目组名称。

步骤2：进行小组成员分工，明确职责。

步骤3：查找资料，了解杭州亚运会智慧物流的相关信息。

以项目组为单位，通过线上线下查找关于杭州亚运会的物资保障措施，了解物流服务保障流程，讨论并写出智慧物流应用场景情况。

步骤4：各组推荐代表进行活动成果分享。

各组制作汇报PPT，并派一名代表上台将本项目组收集到的杭州亚运会物流保障措施、应用场景等成果进行分享。

三、任务实践活动工作页

任务实施要求：4～6人为一组展开讨论，进行人员分工和任务计划，商定后由每组选派一名代表在全班陈述小组观点，填写任务实践活动工作页，具体见表1-1。

表1-1　任务实践活动工作页

一、人员分工
1. 小组负责人：_____
2. 小组成员及分工

成员名称	姓名	职责分工
项目经理		下达任务，统筹协调，组织安排
文献资料查阅员1		领取任务，查阅文献资料，提取有效信息
……		
信息收集员		将文献资料查阅员的信息进行汇总、筛选、提炼，形成有效信息
流程绘制员		根据信息收集员有效信息，绘制物流保障流程

二、任务实践活动内容记录
（一）查阅参考文献

文献名称	作者/页码	摘取内容或提纲

（二）提炼有效信息汇总表

文献名称	作者/页码	有效信息内容

（续）

（三）绘制物流保障流程图

四、任务实践活动评价

在完成上述实践活动后，教师组织小组自评、小组互评和教师评价，完成任务实践活动评价表的填写，具体见表1-2。

表1-2　任务实践活动评价表

班级			姓名		小组		
任务实践 活动名称							
考核内容		评价标准	参考分值 （100分）	小组自评	小组互评	教师评价	考核得分
知识 掌握情况	1	简述智慧物流概念。完整简述得8～10分，基本能简述得5～7分，缺要素要多得1～3分	10				
	2	表述智慧物流性质、特点；缺少1个要素扣1.5分	10				
	3	物流保障流程要素。缺少1个流程扣3分	15				
技能 掌握情况	4	能线上线下多渠道查阅文献资料	5				
	5	文献参考资料具有代表性、新颖性	10				
	6	熟练掌握查阅文献资料信息技术	10				
	7	能进行信息筛选，提炼有效信息	10				
参与 活动情况	8	积极参与任务实践活动全过程	10				
	9	积极参与小组讨论，具备团队协作能力	10				
	10	成果汇报过程清晰、表述清楚、普通话标准	10				
小计							
合计=自评×20%+互评×40%+教师评×40%							

巩固拓展

一、多选题

1. 智慧物流特征包括（　　　）。

    A. 柔性化 　　　　　　　　　　B. 社会化

    C. 协同化 　　　　　　　　　　D. 智能化

2. 智慧物流是以信息化为依托广泛用于（　　　）技术。

    A. 物联网 　　　　　　　　　　B. 人工智能

    C. 交流库大数据 　　　　　　　D. 云计算

二、简答题

简述发展智慧物流的意义。

三、思考题

1. "智慧物流"中"智慧"体现在哪里?

2. 智慧物流相对于传统物流有何区别?

3. 未来智慧物流可能的应用场景有哪些?

任务二　智慧供应链认知

任务情境

智慧供应链——电池行业天能集团案例

近年来，随着物流市场的快速发展，智慧供应链的应用广泛普及，尤其在生产行业的应用尤为广泛。

天能电池集团股份有限公司（简称天能集团）是中国新能源电池行业的龙头企业，是一个以铅蓄动力电池为主，集锂离子电池、智慧能源、燃料电池以及再生铅资源回收、循环利用等的研发、生产、销售为一体的实业集团。天能集团以数字化创新中心为承载实体，主要针对电池行业上下游产业商，企业内部采购、研发、生产、销售、售后、回收等流程，以全生命周期概念，开展全产业链的高效管理，以促进行业的可持续健康发展。通过电池全生命周期管理平台项目实现产业链深度融合、协同与集成应用，构建电池行业的生态系统，真正实现资源高效配置、按需生产、按单生产，降低过程库存量，从而提高产业链整体效率，实现产业链的降本增效和智能化、服务化转型升级。天能集团电池的全生命周期追溯、产业链转型升级如图1-1、图1-2所示。

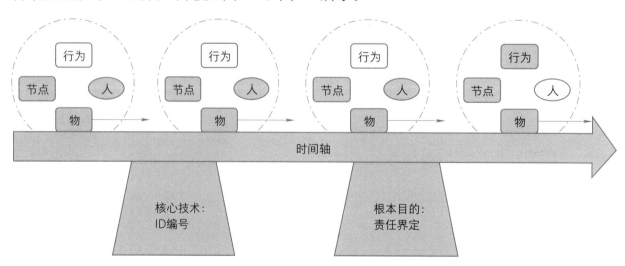

图1-1　天能集团电池的全生命周期追溯

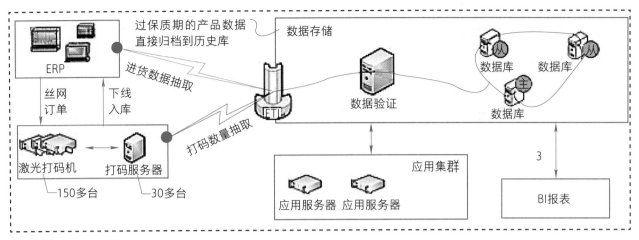

图1-2 天能集团电池产业链转型升级

 知识储备

一、智慧供应链产生的背景

智慧供应链认知

1985年，迈克尔·波特提出了"价值链"的理论框架，成为供应链产生的前奏。1996年，詹姆斯 P. 沃麦克和丹尼尔 T. 琼斯结合美、德、日的案例，引出"供应链"以及"销售链"的概念，这是供应链的雏形。20世纪末，随着生产力的进一步发展，客户消费水平不断提高，企业的竞争不断加剧，加上政治、社会环境、经济等因素的巨大变化，市场需求日益多元化，市场的不确定性也在加强。传统的经营模式已不再适合当前的经济发展趋势，其为供应链的产生提供了机会，为科技的进步提供了先进的管理，为供应链的发展提供了技术支撑。随着新一代物联网技术的广泛采用，尤其是人工智能、工业机器人、云计算等技术的迅速发展，传统供应链发展到智慧供应链新阶段。

二、智慧供应链概念

智慧供应链这一概念最早由复旦大学罗钢博士在2009年上海市信息化与工业化融合会议上提出，指的是通过有机结合日益发展成熟的物联网技术与现代供应链管理的理论、方法和技术，在企业内部以及企业之间构建的智能化、数字化、自动化、网络化的技术与管理综合集成系统。

智慧供应链是以市场和消费者需求为导向，围绕"人、货、场"为核心，依托大数据、人工智能等技术驱动，实现对选品、定价、库存、销售、物流、配送等环节的精准化管控，形成智能决策、智能运营和智能营销，最终达到成本、效益和用户体验优化的目的。智慧供应链的具体内容如图1-3所示。

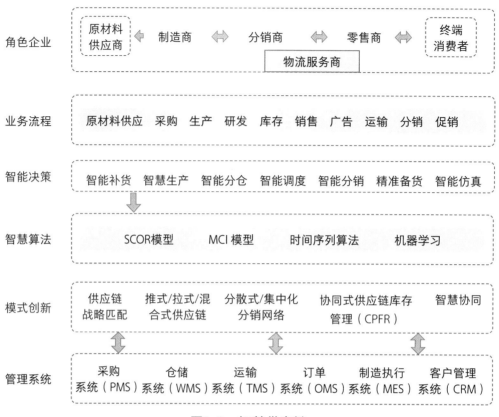

图1-3　智慧供应链

三、智慧供应链优势

与传统供应链相比，智慧供应链具有以下优势：

（1）数字化程度更高。智慧供应链依托物联网、AI、5G、区块链、机器人等数字科技赋能供应链，有效解决传统供应链数据不能开放和共享等问题。旨在对客户需求全过程进行精准分析和有效管理，并快速主动响应市场变化。

（2）协同程度更强。传统供应链协同程度不高，各环节相对独立，跨层级、跨企业、跨部门、跨系统的资源整合能力弱。智慧供应链注重各环节之间的顺畅对接、密切协作和主动配合，从而实现多方互惠互利。

（3）运作模式多变。传统供应链以推式供应链为主，被动接受市场需求，库存周转率较高，容易产生滞销。智慧供应链以拉式供应链为主，可以主动响应用户需求，及时应对市场变化。

四、智慧供应链技术

（一）物联网技术

物联网技术是以传感技术手段为基础，基于射频识别（RFID）、产品电子代码

（EPC）等技术自动识别记录供应链各流程的信息，促进物流供应链的可视化。

物联网可以为供应链提供实时数据，以帮助生产商和供应商实现更精确的预测和库存管理，从而提高运营效率和降低成本。物联网技术的具体内容如图1-4所示。

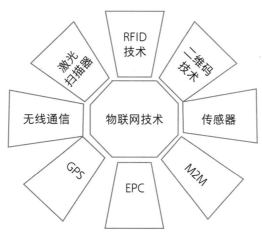

图1-4　物联网技术

（二）可视化成像技术

可视化成像技术是指通过用技术设备将产品加工成图片、视频、数字等形式，实现对产品的视觉控制。这样提供了实时的数据可视化展示，使管理人员可以更直观地了解供应链的各个环节，从而更好地进行决策和优化，具体如下图1-5所示。

图1-5　可视化成像技术

（三）感知技术

通过技术设备对产品进行智能感知，通过面部识别、眼球手势确定特定身份，条码信息确定一物一码等。该技术主要用在质量控制、货物识别等方面。

（四）云计算技术

云计算实际上是一种环境，在这种环境中，网络被用来处理数据和挖掘数据，补充大数据。它的存储量特别大，通过分布式计算、冗余计算等把数据迅速地处理好、解决好，并返给用户。

（五）大数据

大数据是智慧供应链运用的重要手段，在采购管理中的计划的制订、生产的过程、运输的流程和信息、质检的依据等都需要采集数据，进行整理分析，做出控制和决策。大数据是整个智慧供应链的中枢指挥部。

（六）人工智能

人工智能可以自动完成供应链中的很多重复性、高频次的任务，如物流调度、库存管理、预测需求等，从而提高供应链的运转效率。

同时，通过分析大量的数据，人工智能可以准确地预测需求、制订最佳的生产计划、优化物流路线等，帮助企业降低成本。

此外，人工智能还可以帮助企业进行风险管理和优化决策，提高企业的灵活性和应变能力。

（七）数字孪生

数字孪生（Digital Twin）是以物理实体真实场景数据为依托，以真实和仿真模型运行数据实时交互优化为机制，自运行的虚拟空间映射模型。其具体作用如下：

1）数字孪生技术可以实现对货物运输过程的全程监控。

2）通过传感器和大数据分析，企业可以实时了解货物的位置、温度、湿度等信息。

3）当出现异常情况时，系统能够自动发出警报并采取相应措施。

4）实时的监控和反馈机制，使物流供应链更加可靠和高效。

数字孪生示例如图1-6所示。

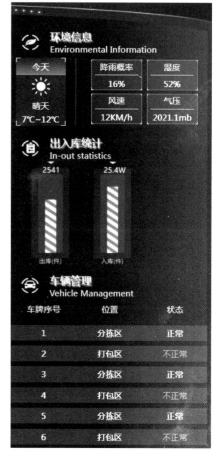

图1-6　数字孪生示例

（八）自动化技术

自动化是在仓储、物流作业的存取、搬运、分拣、拣选等各个环节中，通过先进的自动化设备系统，实现作业效率的提升和人工、地产等成本的降低。

仓储自动化构成：仓储自动化由自动化设备和软件系统两部分组成。

针对不同场景需求，仓储自动化设备分为仓储机器、机械臂、立体库、分拣带、输送机几个设备类别。自动化仓储实景如图1-7所示。

图1-7　自动化仓储实景

✖ 任务实践活动

一、发布任务实践活动

以小组为单位，完成以下任务：

1）上网查找资料，了解供应链发展起源，供应链管理发展有几个阶段？

2）什么是智慧供应链？

3）每组选派一名代表进行成果分享。

4）以京东物流公司为例，列出其智慧供应链技术应用在哪些方面。

二、任务实践活动实施步骤

步骤1：全班分组，确定项目组名称

全班分4组，每组选出1名小组负责人，通过小组讨论确定项目组名称。

步骤2：通过线上线下问卷、案例分析、实地走访等方式调研京东物流公司

以项目组为单位，通过线上线下问卷、案例分析、实地走访，探究企业智慧供应链技术使用情况，与过去相比有哪些优势。

步骤3：各组推荐代表上台分享

各组制作汇报PPT，并派一名代表上台将本组查找的资料与大家分享。

三、任务实践活动工作页

根据任务实践活动，以及活动开展步骤及分工要求，完成任务实践活动工作页，具体

见表1-3。

表1-3　任务实践活动工作页

一、人员分工
1．小组负责人：＿＿＿＿＿＿＿＿
2．小组成员及分工

姓名	分工

二、陈述汇报内容

四、任务实践活动评价

根据实践活动，完成小组自评、小组互评、教师点评，具体评价内容及标准见表1-4和表1-5。

（一）自评互评

表1-4　学生评价表

		考核点	分值（100分）	小组自评	小组互评
知识与技能考核		简述智慧供应链概念；完整简述得8～10分，基本能简述得5～7分，缺要素要多得1～3分	10		
		表述智慧供应链特点；缺少1个要素扣1.5分，最低得分为0分	15		
		说出智慧供应链应用场景。说出1个得3分，说出2个得6分，以此类推，最高分为15分	15		
	工作任务	能多渠道查阅文献资料	10		
		了解企业智慧供应链的应用情况	10		
		积极参与任务实践活动全过程	10		
	职业素养考核	能良好地与老师同学们沟通交流	10		
		能理解智慧供应链的发展理念	10		
		能够查找自身不足并改进	10		
合计					

（二）教师评价

表1-5　教师评价表

	考核点		分值（100分）	教师评分
课堂表现	是否迟到、早退		10	
	是否用手机做与课堂无关的事		10	
知识与技能考核	知识点掌握情况		10	
	工作任务完成情况	能多渠道查阅文献资料	15	
		了解企业智慧供应链的应用情况	15	
		积极参与任务实践活动全过程	10	
职业素养考核	课前课后	是否做好预习工作	10	
		是否能理解智慧供应链的发展理念	10	
		是否能够查找自身不足并改进	10	
合计				

巩固拓展

一、多选题

1. 智慧供应链是以市场和消费者需求为导向，以（　　　）为核心。

　　A. 人　　　　　　B. 货　　　　　　　C. 场　　　　　　D. 物

2. 智慧供应链所具备的技术有（　　　）。

　　A. 物联网　　　B. 可视化　　　　　C. 感知　　　　　D. 云计算

二、简答题

1. 简述数字孪生的概念。

2. 智慧供应链有哪些优势？

任务三 智能制造与智慧物流融合发展认知

任务情境

美的赋能智能制造升级——以灯塔工厂为例

美的灯塔工厂从数字化、精益化、自动化三个维度，赋能企业打造端到端全价值链数字工厂，降低品质不良和交付成本，提升人效、缩短交期、降低能耗。端到端全价值卓越运营灯塔和数字工厂如图1-8所示。

图1-8 端到端全价值卓越运营灯塔和数字工厂

制造运营管理解决方案基于数字化工厂大脑，实现计划调度、制程、工艺、仓储物流、质量、设备、能耗等制造全场景一体化可视、可溯、可控。美的灯塔工厂制造全景覆盖图如图1-9所示。

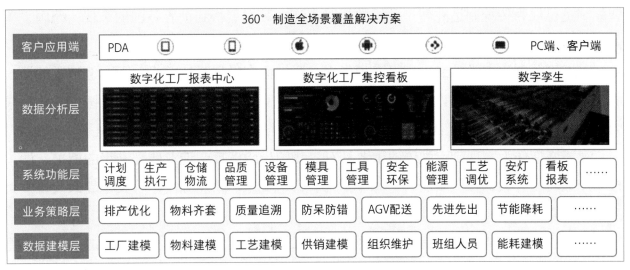

图1-9 美的灯塔工厂制造全景覆盖图

美的灯塔工厂数字供应链解决方案通过物流、信息流、资金流、商流的互通和共享，打造面向订单敏捷交付、数字赋能、需求驱动、企业内外部高效协同的精益供应链，实现供应链综合绩效、整体成本最优。具体如图1-10所示。

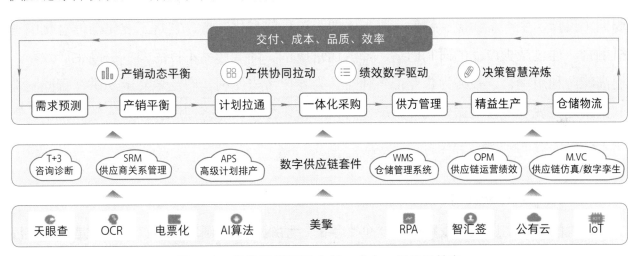

图1-10 美的灯塔工厂交付、成本、品质及效率

美的灯塔工厂工艺仿真与数字孪生解决方案在虚拟世界模拟和优化工业生产过程，实现运营场景线上化和智能优化，提升产能综合利用效率，实现生产周期和周转库存面积下降，同时通过生产过程的能源消耗仿真，减少碳排放。

 知识储备

一、智能制造定义

随着信息技术的迅猛发展，以信息化、工业化深度融合为方向的科技革命席卷而来，智能制造已成为传统制造业转型升级的战略支点，其发展得到世界各国的重视，德国、美国、日本、英国、法国纷纷提出智能制造的发展规划。

习近平总书记在党的二十大报告中指出，坚持面向世界科技前沿、面向经济主战场、面向国家重大需求、面向人民生命健康，加快实现高水平科技自立自强。以国家战略需求为导向，集聚力量进行原创性、引领性科技攻关，坚决打赢关键核心技术攻坚战。

智能制造作为实现制造强国的重要基石，我国出台多项制造业转型升级的相关文件，推动产业转型升级；在航空航天、海洋工程、轨道交通、新能源汽车等大型复杂装备中大力推进智能制造。

中国科技部在《智能制造科技发展"十二五"专项规划》中进行了如下的定义：智能制造是面向产品全生命周期，实现泛在感知条件下的信息化制造。美国能源部对智能制造的定义是：智能制造是先进传感、仪器、监测、控制、工艺/过程优化的技术与实践的组合，他们将信息和通信技术与制造环境融合在一起，实现工厂和企业中的能量、生产率、成本的实时管理。

对于智能制造的定义可能有所不同，但是可以看出智能制造是一个涵盖着产品全生命周期（设计、生产、物流、销售、服务）的全过程信息化制造，它是工业化与信息化的有机融合，通过减少产品的研制周期、降低运营成本、降低产品不良品率、提高生产效率、提高能源利用率，以最终为企业带来利益，为客户带来便利。广泛意义上来讲，智能制造其实就是实现一个将数据转化为信息、将信息转化为知识、将知识转化为智慧、将个人智慧上升为集体智慧的过程。

二、实施智能制造的意义

在我国实施制造强国战略中第一个十年的行动纲领中明确地指出：制造业是国民经济的主体，是立国之本、兴国之器、强国之基。打造具有国际竞争力的制造业是我国提升综合国力、建设世界强国的必经之路。在《中国制造2025》中表明中国未来制造业的主线是工业化与信息化的融合，"智能制造"是制造业创新升级的突破口和主攻方向。制造强国战略变化如图1-11所示。

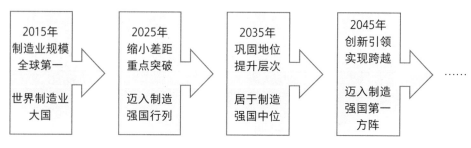

图1-11　制造强国战略变化

三、智能制造与智慧物流关系

（一）智能制造促进物流向智慧方向发展

智能制造为智慧物流各项业务活动的实施提供了物质基础。实现智慧化的物流活动需要大量设施设备支持，智能制造为智慧物流各个环节提供了诸如自动化立体仓库、自动化感知系统、工业机器人等一系列先进的设施设备，智能制造设备同时也推进智慧物流硬件及软件如智慧化输送分拣系统、物流机器人、仓库管理系统等配套发展。其次随着社会的不断发展，越来越激烈的市场竞争对企业提出更多要求，相应的对物流业提出更高要求，使运输、仓储、配送、包装、装卸搬运等环节智慧运行以及效率管理成为趋势，对智慧物流活动组织的发展起到了促进作用。

（二）智慧物流是实现智能制造的生命线

智慧物流是实现智能制造的核心和必不可少的重要组成部分，企业的智能制造之路，尤其需要以智能物流作为动力引擎。恰如人体供给营养物质的血管，智慧物流系统实现了物料在生产工序间的有序流转，支持大规模、定制化、柔性生产为代表特点的智能制造系统的高效运行。而智能制造系统的统一调动性也让原本分立的各个物流环节有效地联合为一个整体，通过自动化或智能化的物流装备、信息技术与生产工艺、制造技术及装备紧密结合，使整个物流系统实现合理化运作。

四、智能制造中的智慧物流实例

全球著名的电气产品制造企业菲尼克斯，自1993年进入中国市场以来，已成功服务于化工、冶金、通信、烟草、物流、能源、汽车制造等数十个行业。

菲尼克斯电气中国公司是德国菲尼克斯电气集团的在华子公司，总部位于南京，在2018年入围我国工业和信息化部发布的"智能制造系统解决方案供应商推荐目录"。目前，菲尼克斯电气中国公司已成为菲尼克斯集团除本国外最大的生产与研发基地和亚太地区竞争力中心。如今，全球制造业走到了又一次变革发展的节点——智能制造的理念深入人心，全球产业布局和供应链建设迎来调整。在这样的形势下，菲尼克斯电气中国公司通过智能工厂建设与供应链物流创新服务，给该公司制造业务带来巨大促进，也为两行业联动提供了有效案例。菲尼克斯智能新一代智能系统如图1-12所示。

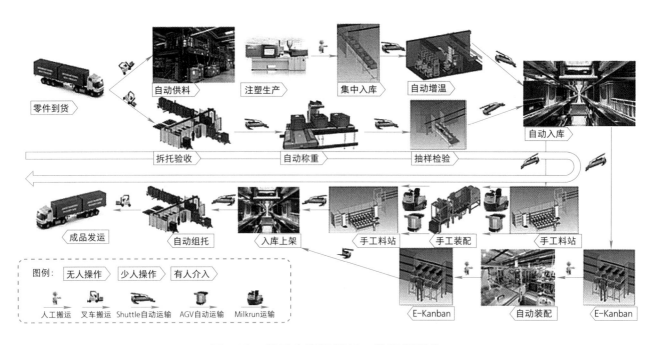

图1-12   菲尼克斯智能新一代智能系统

（一）生产线与物流系统的融合

南京智能工厂建设采用了最先进的智能工厂理念与技术，在工厂整体布局上贯彻了精益管理理念，实施了多种智能设备产线、系统集成及互联互通，可实现人与机器的相互协调合作。新的生产车间将全面提升生产和物流的自动化、柔性化与智能化水平，实现从需求驱动物料出库、增湿、送达现场的全过程自动化物料配送，提升企业运营响应速度，最终实现产能提升30%的目标。如注塑生产线与物流系统进行了完美融合，能够自动将生产完毕的注塑外壳，通过轨道运输的方式，直接进入仓库储存，全程高度自动化。在零部件增湿环节，摒弃了人工作业模式，全程无人操作，通过AGV和机械手的应用，实现周转箱物料的自动增湿，时间从原来的4～12小时降低到30分钟，物料增湿平均，提高了质量，同时可以针对不同产品、不同批次的不同季节性定制增湿程序，增湿前后自动称重，采集数据，进行质量控制，减少误差。设备换型时间小于10分钟，可承担6类270种产品的生产，可以说这个单元也充分体现了生产的柔性。

（二）自动化装配与物流系统的融合

菲尼克斯新工厂智能仓库采用Servus提供的解决方案，拥有箱式货位数超过8万个，以及2000个以上的托盘存储单元，可以满足菲尼克斯未来10年的发展。自动化立体仓库大大提高了仓库的单位面积利用率，同时提高了劳动生产率，降低了劳动强度。该物流系统与目前国内AS/RS项目方案最大的区别在于，穿梭车可以通过轨道自由进出立体货架，直接将零件物料从仓库配送到产线，同时从产线将生产完的半成品或成品带回仓库存储，整个环节均由物流系统控制，全程无人化，降低了工作差错，提高了整体运营效率。

（三）智造、物流与5G技术的融合

菲尼克斯部署5G混合专用网络。由于5G技术具有高速率、低延时、大带宽的特性，不仅解决了新基地的设备远程调试问题，同时将老基地的数据系统也紧密联系到一起，实现了数据的共享和安全。此外，该智能工厂的信息系统可通过数据可视化技术有效地利用数据，通过将MES、WMS、MIA等系统一体化信息平台的集成应用，实时收集车间实际生产进度和质量，并通过管理看板予以展现，使管理及生产人员能清晰地了解生产运营状态，及时掌握生产过程中的异常问题，提高生产效率，降低成本，实现生产制造精细化管理。

✖ 任务实践活动

一、发布任务实践活动

学生以小组为单位，完成如下几个任务：

1）简述智能制造在国内外的发展过程。

2）总结发展智慧制造的优势。

3）结合身边案例，谈谈智慧物流在智能制造领域的应用。

4）每组选派一名代表进行成果分享。

二、任务实践活动实施步骤

步骤1：全班分组，确定项目组名称

全班分4组，每组选出1名小组负责人，通过小组讨论确定项目组名称。

步骤2：查找资料，谈谈体会

以项目组为单位，通过查找资料归纳智慧物流在智能制造领域的应用有哪些？特点有哪些？

步骤3：各组推荐代表上台分享

各组制作汇报PPT，并派一名代表上台将本组查找的资料与大家分享。

三、任务实践活动工作页

任务实施要求：4～6人为一组展开讨论，每组选派一名代表在全班陈述小组观点。按活动实施步骤，完成工作页填写，具体见表1-6。

表1-6　任务实践活动工作页

一、人员分工
1. 小组负责人：_____
2. 小组成员及分工

姓名	分工

二、陈述汇报内容

四、任务实践活动评价

根据实践活动，完成小组自评、小组互评、教师点评，具体评价内容及标准见表1-7和表1-8。

（一）自评互评

表1-7　学生评价表

		考核点	分值（100分）	小组自评	小组互评
知识与技能考核		掌握智能制造内涵	10		
		了解智能制造的发展	15		
		理解智慧物流在智能制造领域的发展	15		
	工作任务	能多渠道查阅文献资料	10		
		归纳智慧物流在智能制造领域的应用情况及特点	10		
		积极参与任务实践活动全过程	10		
	职业素养考核	能良好地与老师同学们沟通交流	10		
		能分享智能制造应用场景案例	10		
		能够查找自身不足并改进	10		
合计					

（二）教师评价

表1-8 教师评价表

考核点			分值（100分）	教师评分
课堂表现	是否迟到、早退		10	
	是否用手机做与课堂无关的事		10	
知识与技能考核	知识点掌握情况		10	
	工作任务完成情况	能多渠道查阅文献资料	15	
		归纳智慧物流在智能制造领域的应用情况及特点	15	
		积极参与任务实践活动全过程	10	
职业素养考核	课前课后	是否做好预习工作	10	
		是否能理解智慧物流在智能制造领域的发展	10	
		是否能够查找自身不足并改进	10	
合计				

巩固拓展

一、判断题

1. 智能制造为智慧物流各项业务活动的实施提供了物质基础。 （   ）

2. 智慧物流是实现智能制造的核心和必不可少的重要组成部分，企业的智能制造之路，尤其需要以智能物流作为动力引擎。 （   ）

3. 制造业是国民经济的主体，是立国之本、兴国之器、强国之基。 （   ）

4. 智能制造其实就是实现一个将数据转化为信息、将信息转化为知识、将知识转化为智慧、将个人智慧上升为集体智慧的过程。 （   ）

5. 智能制造是面向企业全生命周期，实现泛在感知条件下的信息化制造。（   ）

二、简答题

1. 简述智能制造与智慧物流关系。

2. 谈谈智能制造的未来展望。

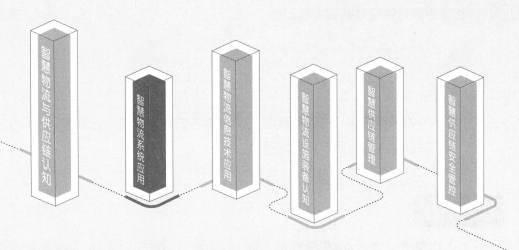

项目二
智慧物流系统应用

项目简介

　　智慧物流系统是建立在智慧交通系统（STS）和相关信息技术基础之上的现代物流系统，它在集成环境下进行物流作业信息的采集、传输、分析和处理，旨在提供高效的物流运作和详细的信息服务。智慧物流系统一般由四部分组成：智慧物流仓储系统、智慧物流运输系统、智慧物流配送系统和智慧物流订单管理系统。智慧物流仓储系统是利用智能技术和信息管理系统来提高仓储运营效率和精确度的一种高级仓储管理系统；智慧物流运输系统是借助智能交通、信息技术和数据分析等手段，提供高效、准确的物流运输服务的综合管理系统；智慧物流配送系统能实现对物流配送过程的实时监控和优化管理，提升配送效率和服务质量；智慧物流订单管理系统能实现对物流订单全生命周期的自动化处理和实时监控，提高订单处理效率和准确性。综合利用人工智能、大数据分析、物联网等先进技术，智慧物流系统将为现代物流带来革命性的变革，较大地提升了物流运营的智能化水平，为各行业提供了更加高效、可靠的物流服务。

学习目标

📖 知识目标

- 掌握智慧物流系统的概念，了解其功能、类型和特点。
- 了解物流系统的操作流程。
- 了解各个系统功能模块的作用。

🔧 技能目标

- 能根据任务书，自主完成系统的添加作业计划。
- 能在系统上完成各个物流活动，小组合作实现智慧物流系统的正常运作。
- 能自主在系统中审核并打印单据。

📝 **素养目标**

- 培养求真务实，细致认真的工作态度与职业道德和职业素养。
- 树立物流业高质量新发展理念。

建议学时

本项目建议学时为 16 个学时。

任务一　智慧物流仓储系统应用

✦ 任务情境

小李是某物流公司仓管部门的信息员，小李的工作职责是在智慧物流仓储系统上及时录入库计划、出库计划、拣选计划，复核打包和在库盘点的仓储信息，需要准确判断货品所处的仓储活动环节，并正确识别货品的信息，准确地录入系统。

知识储备

智慧物流仓储系统按照仓储活动的流程，总体分为四大板块：入库➡️出库➡️盘点➡️补货，每一个环节都细分子流程，每一步都需要在系统生成任务。

智慧物流仓储系统应用

一、入库作业环节

入库作业可分为入库验收、入库上架两部分，在系统上的操作流程如图2-1所示。

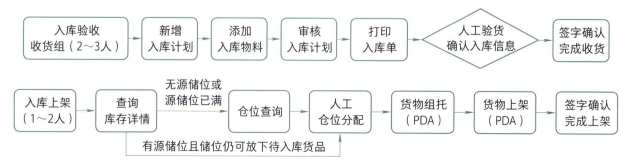

图2-1　入库作业流程

入库货物的验收包括外观质量查验和内在质量检验，又分为数量检验和质量检验，货物数量检验包括毛重、净重确定、件数理算、体积丈量等。质量检验则是对货物外表、内容的质量进行判定。数量检验和外观质量检验由理货人员完成，而内在质量检验由专业检测人员来完成。

二、出库作业环节

出库之前需要在系统上生成出库作业流程，具体如图2-2所示。

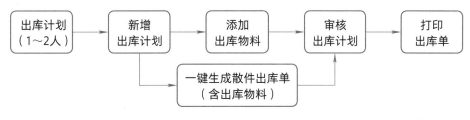

图2-2　出库作业流程

基于智慧物流仓储管理实训系统，出库作业具体的操作步骤如下：

（1）新增出库计划

1）打开订单管理→出库计划界面。

2）在底部左侧菜单中单击"增加"按钮；多做错做的出库计划单，可通过勾选对应订单，单击底部的删除按钮进行删除。

3）系统跳转到添加出库计划界面；在添加出库计划订单界面单击客户名称后面的绿框，弹出客户信息进行选择，录入其他出库计划信息后单击"增加"完成出库计划添加。

4）单击"增加"按钮，系统会自动跳转到出库拣选界面。

（2）添加出库物料

1）打开出库管理→出库拣选界面。

2）勾选需要增加物料的出库单（单次只能勾选一个订单），单击顶部菜单"增加物料"。

3）单击物料名称右侧绿色拓展按钮，直接勾选单个出库商品，单击确定，关闭拓展窗口，单击拓展按钮后的确定按钮完成商品名称录入。

4）在拓展窗口可以通过物料名称进行物料搜索，搜算完勾选物料，单击确定添加物料返回到物料添加窗口。

5）填写商品数量，单击计算，确认数量无误，单击增加，完成出库物料添加（出库数量不可能大于库存数量，如商品包装规格为0，则整件数量必须填写为0）。

6）如需在该订单下添加多个出库商品，需要手动多次选择该出库订单，进行物料添加。

（3）散件出库，生成出库单

1）打开出库管理→散件出库界面。

2）单击右上角"订单"→"客户"，在下拉框中任意选择一位客户，单击"一键生成客户订单"，系统会自动生成该订单任务号，并显示未分配。

3）勾选相同订单号的订单，单击"合并订单"，系统自动为该批出库任务分配相同任务号。

（4）审核、打印出库单

1）打开出库拣选界面，勾选需要审核的出库单据，单击"单据审核"。

2）打开出库拣选界面，勾选需要打印的出库单，单击"出库单打印"。

三、在库盘点

出库后需要对现有库存进行盘点，系统操作流程和步骤如图2-3所示。

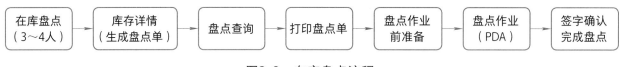

图2-3　在库盘点流程

（1）查看库存，生成盘点单

1）打开库存管理→库存详情界面。

2）单击左上角的"存储区"，选择需要盘点的库区名称，单击"模糊查找"，就能显示对应库区的在库信息。

3）单击"一键生成盘点单"，系统会生成盘点单，然后跳转至盘点查询界面。

（2）盘点查询

打开库存管理→盘点查询界面，该界面会显示现有的所有盘点单信息，并且显示该盘点单据的盘点状态和打印状态。

（3）打印盘点单

1）打开库存管理→盘点查询界面。

2）可根据商品名称、盘点状态（已盘点/未盘点）、盘点结果（正常/异常）、打印状态（已打印/未打印），进行盘点单的筛选。

3）找到需要盘点的盘点单信息，单击相同盘点单号下的任意订单尾部详情的"打印"按钮，系统会跳转到盘点单据的详情打印界面。

4）单击"打印单据"，打印当前的盘点单据。

四、补货计划

盘点后，若发现库存不足或库存量低于补货点，则需要进行补货，系统的补货流程如图2-4所示。

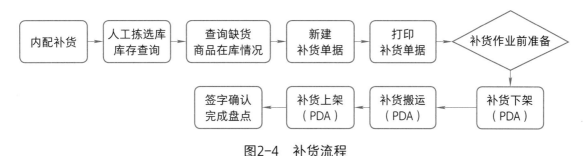

图2-4 补货流程

补货的具体步骤如下：

（1）查询库存。打开库存管理→库存详情界面；在"存储区选择"筛选框选择电商人工拣选区或其他库存区域，在"库存区间"设置缺货库存临界值，单击"模糊查找"，分库区查询人工拣选库内每个商品的库存情况，具体内容如图2-5所示。

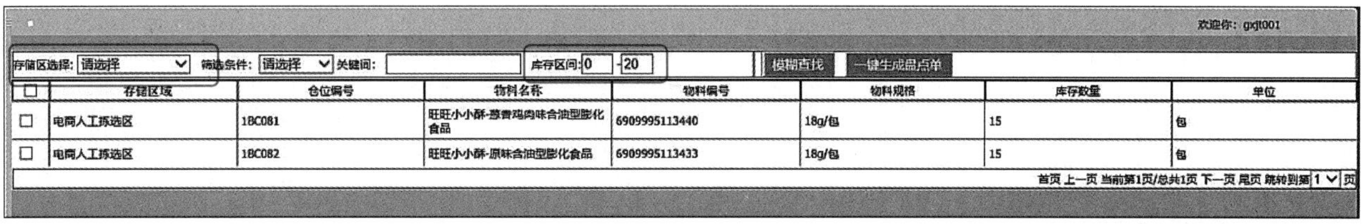

图2-5 查询库存界面

（2）查询缺货商品在库情况

1）打开库存管理→库存详情界面。

2）在存储区选择"电商仓储区"，根据记录，输入缺货商品名称信息，单击"模糊查找"，查看该商品在仓储区的库存情况，如果没有库存，可以进行补货作业。

（3）生成补货单

1）打开订单管理→补货单据界面；单击"增加"，进入新建补货单据界面。

2）在商品名称处单击绿色"拓展"按钮，在拓展弹窗内根据该商品源储位所属库区（电商仓储区）选择补货商品名称，勾选要进行补货商品，单击"确定"，弹窗关闭，在补货单据增加界面拓展按钮后，单击"确定"按钮，系统会自动录入商品条码以及商品原库区信息。

3）回到补货单据增加页面后，在目标库区处选择电商人工拣选区，查询记录，输入目标仓位号，根据库存填写补货数量和补货数量单位信息，填写完成后，单击"保存"，生成补货单据。

4）单击补货单据行里的"编辑"，可以查看补货单详细情况，如图2-6所示。

图2-6　生成补货单界面

5）打开订单管理→补货单据界面，选择要补货的单据，单击单据列表末尾处的"打印"按钮，进入打印界面打印补货单。

✖ 任务实践活动

一、任务内容

某物流中心的仓管员小李接到得力集团有限公司的入库通知，要求在2021年9月3日生成入库计划，需要入库的货物信息见表2-1，请在规定时间内将信息录入智慧物流仓储管理实训系统，并生成入库计划。

表2-1　入库货物信息

商品名称	商品规格	整件数量	散件数量
可奇7569小盲盒/OK鸭	5盒/箱	6箱	1
永益YY368笔筒	3个/箱	14箱	9
洁云纸面巾 绒感	5包/箱	0箱	60
洁云纸面巾	5包/箱	0箱	81
植护纸面巾 卡通婴抽	8包/箱	0箱	54
植护牌本色纸巾纸	6包/箱	0箱	48
植护柔绒韧性纸面巾	6包/箱	0箱	40
植护蓝色有芯卷纸	20包/箱	0箱	60
植护纸面巾 植护亲肤	20包/箱	0箱	120
佳洁士草本水晶牙膏	10支/箱	0箱	24

二、分析任务

结合实际任务内容，描述本节课的操作任务：

_____

_____

_____

_____

小提示：当前的任务属于入库验收环节，要在系统上完成新增入库计划、添加物料等操作。

三、任务实践活动实施步骤

（一）按照入库通知的信息和表2-2的操作步骤，在系统上完成入库验收。

表2-2　入库系统操作

操作内容	操作序号	操作图示	步骤说明
添加入库计划	1	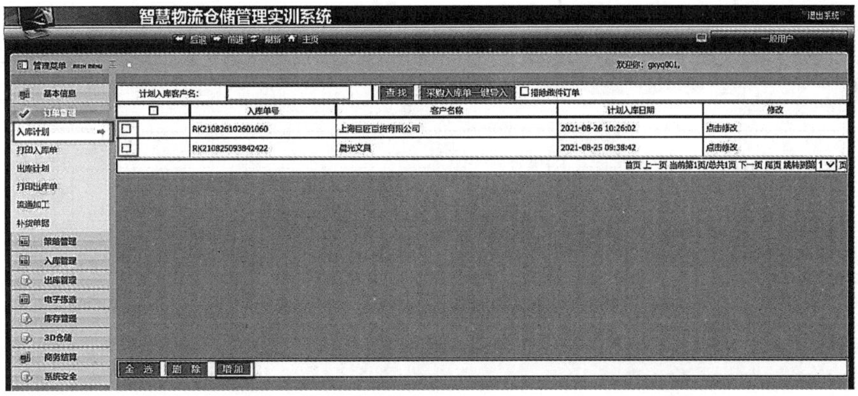	（1）打开智慧物流仓储管理实训系统，选择"订单管理"中的"订单管理—入库计划"界面 （2）在"入库计划"界面选择底部菜单中的"增加"进行手动添加①____；多做错做的入库计划单，也可通过勾选对应订单，单击底部"删除"按钮完成
	2	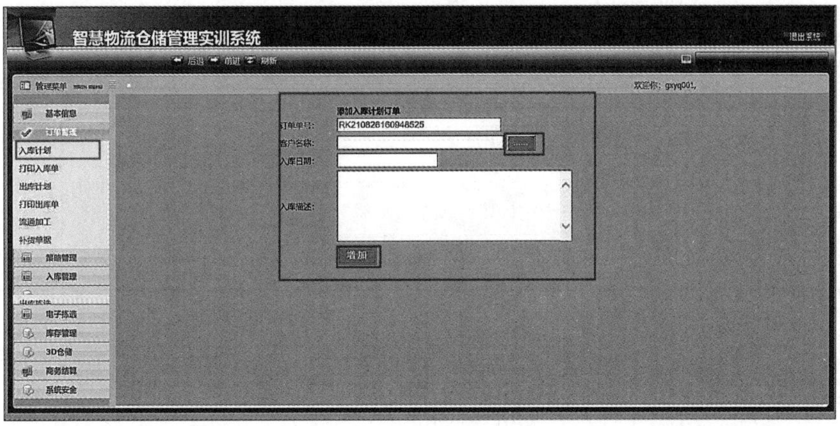	系统跳转到"添加入库计划"界面；在添加入库计划订单界面单击②____后面的绿框，弹出客户信息进行选择，录入其他入库计划信息后单击"增加"完成入库计划添加；添加完成入库计划，系统会自动跳转到入库作业界面

（续）

操作内容	操作序号	操作图示	步骤说明
添加入库物料	3	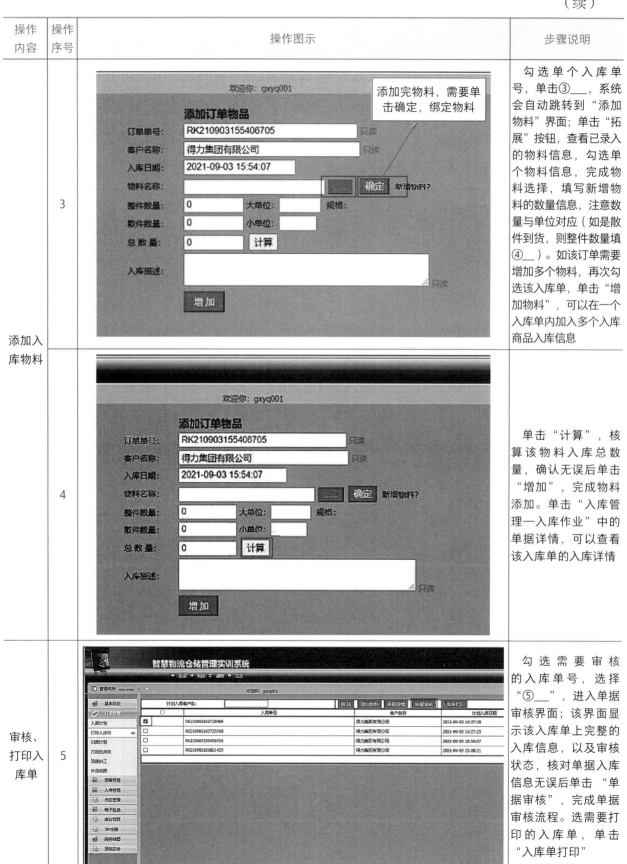	勾选单个入库单号，单击③___，系统会自动跳转到"添加物料"界面；单击"拓展"按钮，查看已录入的物料信息，勾选单个物料信息，完成物料选择，填写新增物料的数量信息，注意数量与单位对应（如是散件到货，则整件数量填④___）。如该订单需要增加多个物料，再次勾选该入库单，单击"增加物料"，可以在一个入库单内加入多个入库商品入库信息
	4		单击"计算"，核算该物料入库总数量，确认无误后单击"增加"，完成物料添加。单击"入库管理—入库作业"中的单据详情，可以查看该入库单的入库详情
审核、打印入库单	5		勾选需要审核的入库单号，选择"⑤___"，进入单据审核界面；该界面显示该入库单上完整的入库信息，以及审核状态，核对单据入库信息无误后单击"单据审核"，完成单据审核流程。选需要打印的入库单，单击"入库单打印"

小提示：①入库计划；②客户名称；③增加物料；④0；⑤单据审核。

（二）安全注意事项

结合本节课的任务，写出需注意的安全事项：

_____

_____

_____

_____

四、任务实践活动工作页

结合本节课的任务，制订计划，并完成表2-3的填写。

表2-3　"智慧物流仓储系统"工作计划

一、人员分工

1. 小组负责人：_____

2. 小组成员及分工

姓名	分工

二、仓储系统录入的流程图绘制

添加（　　　　）计划　➡　（　　　　　　　　　　）　➡　审核、打印（　　　　）

三、仓储系统要填写的内容

1. 入库时间：

2. 货品信息：

四、录入时的注意事项

1. 货品名称、（　　　　　　　　　　　　　）等信息录入不得有误。

2. 打印单据前，需要（　　　　　　　　　　　），避免单据打印不完整。

五、任务实践活动评价

根据任务实践活动，开展小组自评、小组评价和教师点评，并完成学生评价表、教师评价表，见表2-4和表2-5。

（一）自评互评

表2-4　学生评价表

	考核点		分值（100分）	小组自评	小组互评
知识与技能考核	完整描述仓储系统操作流程，每错一处扣1分		10		
	完整说出入库作业模块的功能，每错一处扣1分		15		
	完整说出出库作业模块的功能，每错一处扣1分		15		
	完整说出盘点作业模块的功能，每错一处扣1分		15		
	完整说出补货作业模块的功能，每错一处扣1分		15		
	工作任务	能准确添加入库计划，每错一处扣1分	5		
		能准确添加入库物料，每错一处扣1分	5		
		能完成入库单审核，否则扣5分	5		
	职业素养考核情况	能良好地与老师同学们沟通交流，根据实际表现酌情扣分	5		
		能理解新发展理念，根据描述的情况酌情扣分	5		
		能够查找自身不足并改进	5		
合计					

（二）教师评价

表2-5　教师评价表

	考核点		分值（100分）	教师评分
课堂表现	迟到一次扣2分、早退一次扣5分		10	
	用手机做与课堂无关的事，每次扣2分		10	
知识与技能考核	知识点掌握情况，每错一处扣5分		30	
	工作任务完成情况	能准确添加入库计划，每错一处扣2分	15	
		能准确添加入库物料，每错一处扣2分	15	
		能完成入库单审核，否则扣5分	5	
职业素养考核	课前课后	课前预习完成情况，完成率每低于一次10%，扣2分	5	
		是否能理解新发展理念，根据描述的情况酌情扣分	5	
		是否能够查找自身不足并改进	5	
合计				

巩固拓展

一、单选题

1. 物流智慧仓储系统的活动中包含入库、出库、（　　）、补货。

　　A. 配送　　　　　B. 运输　　　　　C. 盘点　　　　　D. 拣货

2. 新增出库计划后，应该要（　　）。

　　A. 审核出库计划　　　　　　　　B. 添加出库物料

　　C. 打印出库单　　　　　　　　　D. 拣选

3. （　　）指的是货物组托、上架。

　　A. PAA　　　　B. PDD　　　　C. PDA　　　　D. ADP

4. 货物上架的流程可分为设计组托方式、（　　），搬运设备完成上架。

　　A. 拣货　　　　B. 堆码　　　　C. 录单　　　　D. 出库

5. 在拓展窗口可以通过（　　）进行物料搜索，搜算完勾选物料，单击"确定添加物料"返回到物料添加窗口。

　　A. 搬运单位　　　B. 运输目的地　　　C. 价格　　　　D. 物料名称

二、简答题

1. 入库验收的环节有哪些?

2. 请简述在智慧仓储系统上完成货物补货的流程。

三、系统操作

在系统中录入以下出库单：

商品名称	所在仓位	出库数量	单位
洁云纸面巾 绒感	1BC082	5	包

任务二　智慧物流运输系统应用

任务情境

小虎是某运输公司的信息员，小虎的工作职责是在智慧运输系统上接收订单，并根据运输订单，在运输系统上完成运力的分配、站点和集散中心的开设、班线的创建和订单调度。工作过程以"降本增效"为主要原则，提高运输公司在市场上的占有率。

知识储备

智慧物流运输系统按照仓储活动的流程，总体分为四大板块：业务受理→干线调度→取派调度→干线发运。每一个环节都有细分子流程，可以根据实际订单的情况进行合理规划调度。

智慧物流运输
系统应用

一、业务受理

基于Logis现代物流综合业务系统进行操作。登录运输系统，进入"业务受理"页面后，单击"新增"按钮，增加新的运输业务受理单，根据运输通知单信息，在系统中录入运输信息：客户指令号、目的站、是否取送（选择"送货"）、客户信息、收货信息、商品信息等，待所填信息确认无误后，单击"保存订单"按钮保存订单。业务订单受理界面如图2-7所示。

对录入完成并保存成功的运输订单，可进行审核并生成作业计划。在"运输订单"管理列表中勾选待处理的运输订单，单击"发送审核"按钮进行审核。审核业务订单界面如图2-8所示。

图2-7　业务订单受理界面

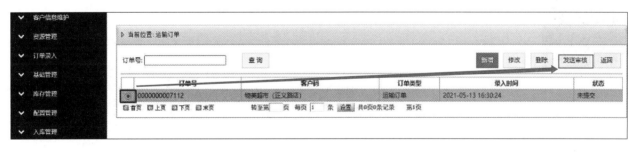

图2-8　审核业务订单界面

二、干线调度

　　"干线运输"类型的运单需要进行分单调度安排干线运力，在系统主页面选择"干线调度"，进入分单页面，在"分单调度"列表中会显示需要进行分单调度的订单信息，单击"分单"按钮。干线调度订单界面如图2-9所示。

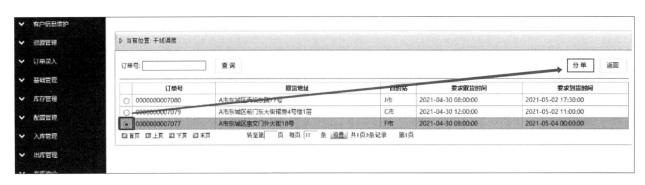

图2-9　干线调度订单界面

在分单操作中，调度员需要确定的主要内容包括：运输方式、中转站、运力。

在"路径"中选择中转站及运输方式，如中转站为"E市"，运输方式为公路，则需在"中转站"处选择"E市"，在"运输方式"处选择"公路"；选择运力信息，A市到E市的运力为"A市—E市"，E市到 F 市的运力为"E市—F市"；干线调度模块中，可以在路由选择功能直接选择对应目的站路由信息完成调度，完成后单击"提交"按钮，完成分单。提单干线调度订单如图2-10所示。

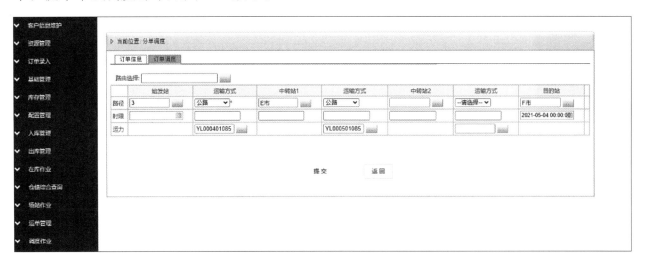

图2-10　提单干线调度订单界面

三、取派调度

取/派调度的主要任务就是确认需要进行取/派作业的运单的具体作业顺序、作业时间、作业车辆、相关人员信息。在系统主页面选择"取/派调度"，进入调度页面，然后单击"新增取/派调度单"，新增取/派调度单，此时取/派车辆信息变成可编辑状态，根据要求填写信息并单击"保存"按钮进行提交。新增取派调度单界面如图2-11所示。

取/派调度信息保存完成后，取/派调度列表中会显示新增的计划信息，即代表取/派调度信息新增完成。取货调度，选中取/派调度单，单击待取和待派列表中运单后的绿色箭头，将该条运单加入所选的取/派调度单，调度完成后单击"提交"按钮完成调度。提交取派调度单界面如图2-12所示。

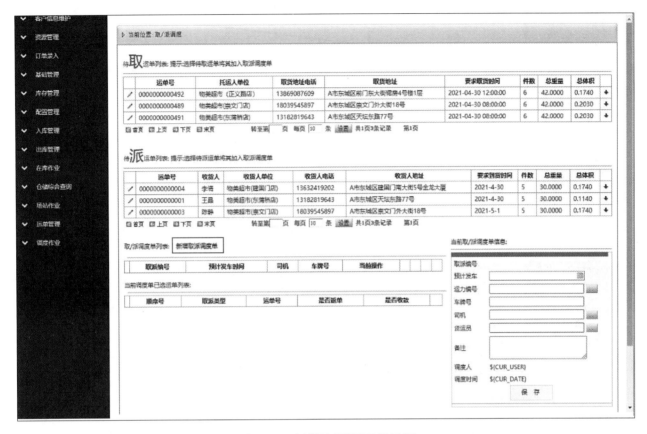

图2-11　新增取派调度单界面

图2-12　提交取派调度单界面

四、干线发运

进入发运通知界面，选中待发运班车信息，单击"查看"按钮，核对待发运班车信息，确认无误后，单击"关闭"按钮，核对发运单界面如图2-13所示。

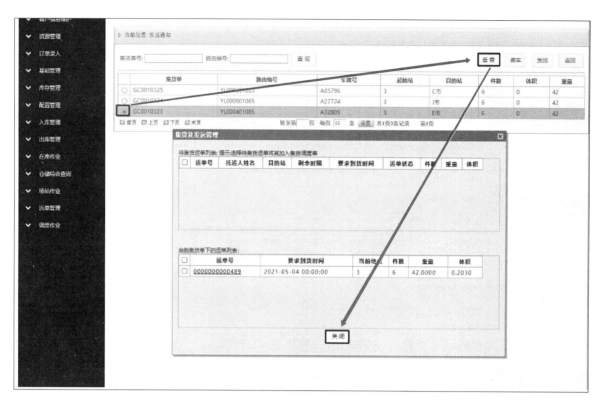

图2-13　核对发运单界面

选中发运班车信息，单击"装车"按钮，会出现货物运输交接单，单击"发运"按钮，系统会将集货单信息发送至场站。发送发运单界面如图2-14所示。

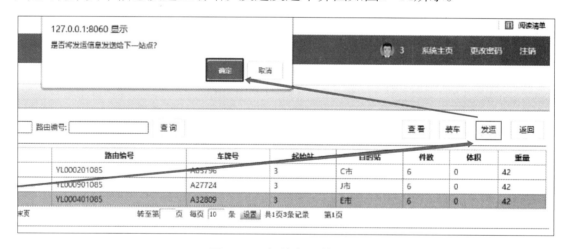

图2-14　发送发运单界面

✕ 任务实践活动

一、发布任务实践活动

（一）任务内容

某运输公司信息员小虎接到5个运输订单，具体见表2-6～表2-10，小虎需要根据订单信息，结合运力信息（见表2-11），分析是否受理运输作业任务，完成4月30日所有运单的录入、打印，不能受理的运单在单据上注明原因；并在时效要求期限内，在运输系统上完成分配运力、完成订单调度。

表2-6　运输通知单1

客户指令号	YS2021001	托运客户	物美超市（正义路店）		
始发站	A市	目的站	C市		
托运人	张华	取货地址	A市东城区前门东大街裙房4号楼1层		
联系方式	138××××7609	取货时间	4.30　12:00—13:30		
收货人	C市龙源工贸有限公司（夏兰）	收货地址	C市开发区前源路42号		
联系方式	135××××5350	收货时间	5.2　8:00—17:30		
货品条码	货品名称	包装规格（mm）	总体积（m³）	总重量（kg）	数量（箱）
6925303770563	广西寻螺记螺蛳粉550g	285×380×270	0.174	42	6

表2-7　运输通知单2

客户指令号	YS2021002	托运客户	物美超市（建国门店）		
始发站	A市	目的站	G市		
托运人	李清	取货地址	A市东城区建国门南大街5号金龙大厦		
联系方式	136××××9202	取货时间	4.30　14:00—17:30		
收货人	G市紫金贸易有限公司（张文静）	收货地址	G市向阳区复兴路88号		
联系方式	138××××2788	收货时间	5.1　8:00—17:30		
货品条码	货品名称	包装规格（mm）	总体积（m³）	总重量（kg）	数量（箱）
6934772900081	元气森林瓶装无脂白桃苏打气泡水480mL	285×380×270	0.203	42	6

表2-8　运输通知单3

客户指令号	YS2021004	托运客户	物美超市（崇文门店）		
始发站	A市	目的站	F市		
托运人	陈静	取货地址	A市东城区崇文门外大街18号		
联系方式	180××××5897	取货时间	4.30　8:00—12:30		
收货人	F市古溪贸易有限公司（孙明福）	收货地址	F市滨湖区河海路240号		
联系方式	138××××0568	收货时间	5.4　17:00—18:00		
货品条码	货品名称	包装规格（mm）	总体积（m³）	总重量（kg）	数量（箱）
6922868283101	妙洁小号平口垃圾袋	285×380×270	0.203	42	6

表2-9　运输通知单4

客户指令号	YS2021008	托运客户	物美超市（西花市店）		
始发站	A市	目的站	H市		
托运人	李林	取货地址	A市东城区西花市大街		
联系方式	180××××5897	取货时间	4.30　8:00—17:30		
收货人	H市大鹏科技有限公司（张志林）	收货地址	H市高新区光明路32号		
联系方式	180××××7584	收货时间	5.2　8:00—12:00		
货品条码	货品名称	包装规格（mm）	总体积（m³）	总重量（kg）	数量（箱）
4891599466808	零度无糖低卡碳酸饮料350mL	285×380×270	0.174	36	6

表2-10 运输通知单5

客户指令号	YS2021009	托运客户	物美超市（东蒲桥店）		
始发站	A市	目的站	J市		
托运人	王晶	取货地址	A市东城区西花市大街		
联系方式	131××××9643	取货时间	4.30 8:00—17:30		
收货人	J市科谷贸易有限公司（王平）	收货地址	J市开发区长江路190号		
联系方式	138××××7568	收货时间	5.2 14:00—18:00		
货品条码	货品名称	包装规格（mm）	总体积（m³）	总重量（kg）	数量（箱）
6934774900081	元气森林瓶装无糖白桃苏打气泡水480mL	285×380×270	0.203	42	6

表2-11 运力信息

班线	经停站	进站时间	发车时间	预计运输时间
A市—B市	无	8:00	11:00	2天整
A市—D市	A市—C市—D市	9:30	11:00	A市—C市：1天整 C市—D市：2天整
A市—F市	A市—E市—F市	10:30	12:00	A市—E市：2天整 E市—F市：1.5天整
A市—I市	A市—G市—H市—I市	8:00	12:00	A市—G市：1天整 G市—H市：1.5天整 H市—I市：1天整
A市—L市	A市—J市—K市—L市	9:30	17:30	A市—J市：2天整 J市—K市：1天整 K市—L市：1天整
A市—T市	A市—M市—N市—T市	10:30	17:30	A市—M市：1天整 M市—N市：1.5天整 N市—T市：2天整

（二）分析任务

1. 结合实际任务内容，描述影响订单是否能受理的原因。

（小提示：运输车辆的进站时间，发车时间和运输时间。）

2. 该业务涉及运输系统的功能模块有哪些？

（小提示：业务受理、干线调度、取派调度。）

二、任务实践活动实施步骤

（一）活动实施步骤

按照运输订单的信息，在系统上完成订单调度，并填写表2-12。

表2-12 运输系统操作流程

操作内容	步骤说明
业务受理	能受理的运输订单：_____ _____ _____ _____
干线调度	1. 分单的订单： _____ _____ 2. 运输的路径： _____ _____ _____
取派调度	1. 预计发车时间：_____ 2. 运力编号：_____ 3. 车牌号：_____ 4. 司机：_____；货运员：_____
干线发运	1. 发运的集货单号：_____ _____ _____ 2. 路由编号：_____ _____ _____

（小提示：能发货的运输订单有运输通知单1、运输通知单3、运输通知单5，其余内容根据系统生成后再填入。）

（二）安全注意事项

结合本节课的任务，写出需注意的安全事项：

_____
_____
_____

三、任务实践活动工作页

结合本节课的任务，制订出计划，并填写表2-13。

表2-13　"智慧物流运输系统"工作计划

一、人员分工
1. 小组负责人：＿＿＿＿＿＿
2. 小组成员及分工

姓名	分工

二、运输订单调度的流程图绘制

确定能（　　）的订单	→	确定需要分单的订单和制订运输（　　）	→	确定车辆信息

三、运输系统要填写的内容
1. 取货时间和（　　　　）时间。
2. 始发站和（　　　　）站。
3. 客户信息，包括（　　　　　　　　　　）。
4. 车辆信息，包括（　　　　　　　　　　）。
四、录入时的注意事项
（　　　　　　　　　　　　）等信息不得有误。

四、任务实践活动评价

根据实践活动开展进行，开展小组自评、小组互评、教师点评，详见表2-14、表2-15。

（一）自评互评

表2-14　学生评价表

		考核点	分值（100分）	小组自评	小组互评
知识与技能考核		完整描述运输系统操作流程，每错一处扣2分	14		
		完整描述业务受理的操作流程，每错一处扣2分	14		
		完整描述干线调度的操作流程，每错一处扣2分	14		
		完整描述取派调度的操作流程，每错一处扣2分	14		
		完整描述干线发运的操作流程，每错一处扣2分	14		
	工作任务	运输路径是否选择正确，每错一处扣1分	5		
		车辆信息是否填写正确，每错一处扣1分	5		
		发运信息是否填写正确，每错一处扣1分	5		
	职业素养考核情况	能良好地与老师同学们沟通交流，酌情扣分	5		
		能增强降本增效意识，酌情扣分	5		
		能够查找自身不足并改进	5		
合计					

（二）教师评价

表2-15　教师评价表

考核点			分值（100分）	教师评分
课堂表现	迟到一次扣2分、早退一次扣5分		10	
	用手机做与课堂无关的事，每次扣2分		10	
知识与技能考核	知识点掌握情况，每错一处扣5分		25	
	工作任务完成情况	受理订单是否选择正确，每错一处扣5分	15	
		运输路径是否选择正确，每错一处扣5分	15	
		车辆信息是否填写正确，每错一处扣1分	5	
		发运信息是否填写正确，每错一处扣5分	5	
职业素养考核	课前课后	课前预习完成情况，完成率每低于一次10%，扣2分	5	
		是否增强降本增效意识，酌情扣分	5	
		是否能够查找自身不足并改进	5	
合计				

巩固拓展

一、单选题

1. 物流智慧运输系统的活动包含接收订单、规划路线、（　　　）、订单调度。

　　A. 购买车辆　　　　B. 计算里程　　　　C. 运力分配　　　　D. 签约承运商

2. 创建站点后，应该要（　　　）。

　　A. 创建班线　　　　B. 订单调度　　　　C. 接收订单　　　　D. 续约承运商

3. （　　　）是指由企业或商业组织下达的订单。

　　A. 个人订单　　　　B. 企业订单　　　　C. 包车订单　　　　D. 运输订单

4. 包车订单只能选择（　　　）运输。

　　A. 公路　　　　　　B. 铁路　　　　　　C. 水路　　　　　　D. 航空

5. 同一起迄点订单且货物类型相同时刻多选（　　　）。

　　A. 单独调度　　　　B. 合并调度　　　　C. 自动调度　　　　D. 手动调度

二、简答题

1. 何谓包车订单?

2. 简述在智慧运输系统上完成运力分配的流程。

任务情境

小张是某配送中心的信息员，小张的工作职责是通过对系统中仓储部分的出库订单进行整合，生成配送订单，选择配送路线，完成车辆配载，并最终确认订单配送成功。

知识储备

一、熟知智慧物流配送系统流程

智慧物流配送系统和仓储系统功能类似，都涵盖了出入库的系统操作，但是在配送优化方面，增加了生成配送订单、配送路线选择、模拟配送、车辆配载、配送单打印、实时路况查询和配送签收等子功能，如图2-15所示。

智慧物流配送系统应用

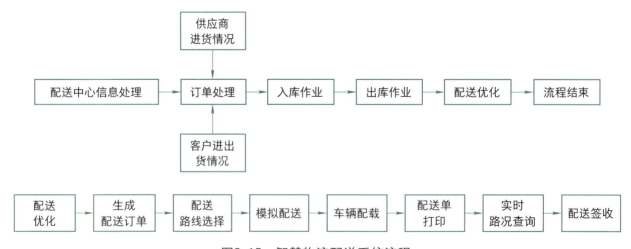

图2-15 智慧物流配送系统流程

二、智慧物流配送系统操作步骤

基于中诺仓储大赛软件，智慧物流配送系统操作步骤见表2-16。

表2-16　智慧物流配送系统操作步骤

序号	操作内容	操作步骤
1	生产配送订单	1. 进入主系统，单击"配送作业"按钮进入配送作业页面 2. 单击"新增"，选择之前从仓储里面出库的订单 3. 选择订单之后单击"生成配送订单"
2	配送线路选择	进入主系统，单击"配送线路选择"按钮进入配送线路选择页面 根据需配送的客户位置，从配送点开始按顺序选择最优线路 如想删除选择的路线，可单击"删除线路"
3	模拟配送	进入主系统，单击"模拟配送"按钮进入模拟配送页面，选择需要进行模拟配送的客户订单进行模拟配送

（续）

序号	操作内容	操作步骤
4	车辆配载	进入主系统，单击"车辆配载"按钮进入车辆配载页面，选择某个配送成功的订单，为该订单选择适合的车辆进行配载操作
5	配送单打印	进入主系统，单击"配送单打印"按钮进入配送单打印页面，选择某个订单，单击"打印"按钮，可对该订单进行打印操作
6	实时路况查询	进入主系统，单击"实时路况查询"按钮进入实时路况查询页面。实时路况异常页面如右图（虚线路段表示随机故障路段）

（续）

序号	操作内容	操作步骤
7	RF签收	使用RF进入系统登录页面，选择"配送签收"菜单，进入配送签收页面，选择某个未签收的订单单击"下一步"按钮，进行RF签收 选择配送客户订单，单击"签收确认"按钮，签收完成后单击"返回"按钮，再次选择该订单单击"下一步"按钮，即可查看已签收的订单

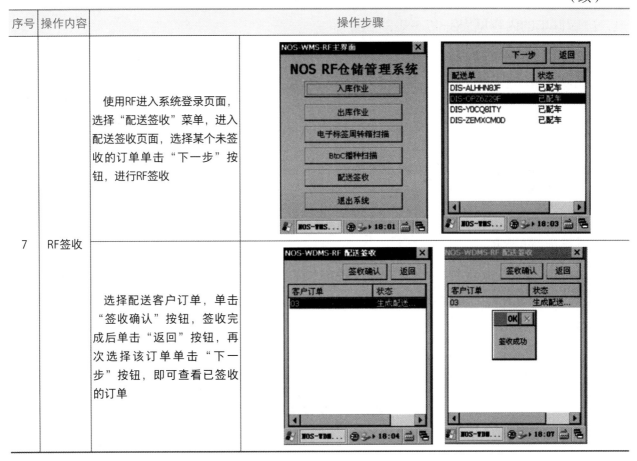

1. 如何计算最优路线？

_____

_____

小提示：使用节约里程法等进行计算。

2. 如何完成车辆配载？

_____

_____

小提示：考虑车辆等额定载重，使载重率最高。

✂ 任务实践活动

一、发布任务实践活动

（一）任务发布

某配送中心信息员小张在系统中的仓储模块发现了有4个客户待出库的订单，小张现在需要在系统上生成配送订单，并下达配送任务，在系统上实时监控配送情况，确定货品配送到客户手中后，在RF设备上完成确认。配送中心当天能提供的车辆的额定载重为2t和4t，出库订单的内容见表2-17～表2-20。

表2-17　出库通知单1

发货库房：某配送中心　　　　　　　　　　　客户名称：美兰公司
收货单位：美兰公司库房　　　　　　　　　　订单发出时间：2024.3.11　11:00
出库通知单号：20240311C01

序号	货物名称	数量	单位	总重量（t）
1	A洗面奶	10	箱	0.3
2	A护手霜	28	箱	0.4

表2-18　出库通知单2

发货库房：某配送中心　　　　　　　　　　　客户名称：美乐公司
收货单位：美乐公司库房　　　　　　　　　　订单发出时间：2024.3.11　11:00
出库通知单号：20240311C01

序号	货物名称	数量	单位	总重量（t）
1	B洗发水	5	箱	0.5
2	B发膜	10	箱	0.6
3	B沐浴露	3	箱	0.3
4	B护发素	5	箱	0.3

表2-19　出库通知单3

发货库房：某配送中心　　　　　　　　　　　客户名称：美麟公司
收货单位：美麟公司库房　　　　　　　　　　订单发出时间：2024.3.11　11:00
出库通知单号：20240311C01

序号	货物名称	数量	单位	总重量（t）
1	C洗发水	8	箱	0.6
2	C洗脸巾	4	箱	0.2

表2-20　出库通知单4

发货库房：某配送中心　　　　　　　　　　　客户名称：美丽公司
收货单位：美丽公司库房　　　　　　　　　　订单发出时间：2024.3.11　11:00
出库通知单号：20240311C01

序号	货物名称	数量	单位	总重量（t）
1	D身体乳	8	箱	0.6

配送中心到每个客户以及客户之间的距离如图2-16所示。

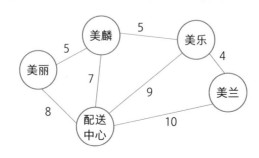

图2-16　客户运距

（二）分析任务

结合实际任务内容，描述本节课的操作任务：

_____

_____

小提示：要在系统上生成配送订单，用节约里程法计算出最优路线和车辆装载分配，并在系统中完成选择。

二、任务实践活动实施步骤

（一）任务实践活动步骤

按照出库订单的信息，在系统上完成配送订单优化，并填写表2-21。

表2-21　配送订单优化操作

操作内容	步骤说明			
生成配送订单	需要配送的客户有：_____ _____			
配送线路选择	运输线路	行驶里程（km）	货物重量（t）	运输周转量（t·km）
运力分配	运输线路		选用车辆	
实时路况查询	是否有路段出现异常情况，若有，请具体描述			

小提示：四个客户的订单可以用一辆4t的车运完。

总路线为：配送中心—美兰—美乐—美麟—美丽—配送中心。

（二）安全注意事项

结合本节课的任务，写出需注意的安全事项：

_____

_____

三、任务实践活动工作页

结合本节课的任务，制订出计划，并完成表2-22的填写。

表2-22 "智慧物流配送系统"工作计划

一、人员分工

1. 小组负责人：＿＿＿＿＿＿

2. 小组成员及分工

姓名	分工

二、配送系统操作的流程图绘制，要求细致到每一个步骤

生成（　　　）订单 ➡ 选择配送（　　　） ➡ 选择车辆（　　　） ➡ 查询（　　　） ➡ 在（　　　）上签收配送订单

三、配送路线优化的方案（写出详细的计算过程）

1. 列出配送站和各个客户的（　　　　　）。

2. 列出各个客户之间配送的节约里程距离。

3. 对（　　　　　）进行排序。

4. 确定配送路线。

四、车辆配载方案（写出详细的计算过程）

1. 车辆体积为（　　　　　），额定载重为（　　　　　）。

2. 货箱的单位体积是（　　　　　），单位重量是（　　　　　）。

3. 选择（　　　　　）类型的货车，载重率为（　　　　　）。

四、任务实践活动评价

根据实践活动开展进行，开展小组自评、小组互评、教师点评，详见表2-23、表2-24。

（一）自评互评

表2-23 学生评价表

	考核点		分值（100分）	小组自评	小组互评
知识与技能考核	能完描述配送系统操作流程，每错一处扣2分		10		
	能完描述生成配送订单流程，每错一处扣2分		10		
	能描述选择配送路线的方法，每错一处扣2分		15		
	能描述车辆配载的方法，每错一处扣2分		15		
	能描述路况查询的方法，每错一处扣2分		15		
	工作任务	系统操作是否熟练，每错一处扣1分	5		
		路线优化是否合理，每错一处扣1分	5		
		车辆配载是否合理，每错一处扣1分	5		
		路况记录是否准确，每错一处扣1分	5		
	职业素养考核情况	能良好地与老师同学们沟通交流，酌情扣分	5		
		能增强降本增效意识，酌情扣分	5		
		能够查找自身不足并改进	5		
合计					

（二）教师评价

表2-24 教师评价表

		考核点	分值（100分）	教师评分
课堂表现		迟到一次扣2分、早退一次扣5分	10	
		用手机做与课堂无关的事，每次扣2分	10	
知识与技能考核		知识点掌握情况，每错一处扣5分	30	
	工作任务完成情况	系统操作是否熟练，每错一处扣1分	5	
		路线优化是否合理，每错一处扣2分	10	
		车辆配载是否合理，每错一处扣2分	10	
		路况记录是否准确，每错一处扣2分	10	
职业素养考核	课前课后	课前预习完成情况，完成率每低于一次10%，扣2分	5	
		是否提升客户服务意识	5	
		是否能够查找自身不足并改进	5	
合计				

巩固拓展

一、单选题

1. 配送管理信息系统的硬件构成中不包括（　　）。

    A. 摄影设备   B. 电子标签设备

    C. 计算机软件   D. 无线通信设备

2. 配送管理信息系统的数据构成中包括（　　）。

    A. 信函库   B. 规章库   C. 交流库   D. 模型库

3. 配送管理信息系统的人员构成中不包括（　　）。

    A. 程序设计员   B. 电子工程师

    C. 数据库管理员   D. 系统分析员

4. 配送管理信息系统的软件构成中，实现具体功能所必需的是（　　）。

    A. 系统软件   B. 应用软件   C. 管理软件   D. 平台软件

5. 配送管理信息系统的规章制度构成中，不包括（　　）。

    A. 工作规范   B. 设备维护规程

    C. 人事奖励制度   D. 技术标准

二、简答题

简述配送管理信息系统的功能。

三、系统操作

在系统中选取另外一种配送路线，并记录配送过程。

 任务四　智慧物流订单管理系统应用

 任务情境

　　小生是某配送中心的信息员，小生的工作职责是在系统上完成入库计划制订、客户订单制定和订单处理工作。确保出入库订单都完整无误地在系统中留存。

知识储备

一、熟知智慧物流系统订单管理流程

　　订单管理系统依据仓库的具体活动，需要完成入库计划制订、客户订单制订和订单的信息处理。其中，在订单处理的过程中，可以根据订单的特点和货物的规格，对订单进行合并，为后续的摘果式拣选或者播种式拣选提高效率。智慧物流订单管理流程如图2-17所示。

智慧物流系统
订单管理流程

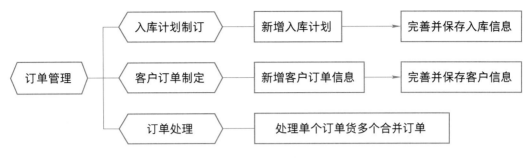

图2-17　智慧物流订单管理流程

二、订单合并方式

（一）摘果式拣选

摘果式拣选是针对每一份订单（即每个客户）进行拣选，拣货人员或设备巡回于各个货物储位，将所需的货物取出，形似摘果。摘果式拣选的特点主要有：

1）每人每次只处理一份订单或一个客户。

2）简单易操作。适用：品种少，订单量大。

（二）播种式拣选

播种式拣选是把多份订单（多个客户的要货需求）集合成一批，先把其中每种商品的数量分别汇总，再逐个品种对所有客户进行分货，形似播种，因此称其为"商品类别汇总分播"更为恰当。播种式拣选的特点主要有：

1）每次处理多份订单或多个客户。

2）操作复杂，难度系数大。适用：订单品种和数量都比较多的拣选。

三、熟知智慧物流系统订单管理操作步骤

基于中诺仓储大赛软件，智慧物流系统订单管理操作步骤见表2-25。

表2-25　智慧物流系统订单管理操作步骤

序号	操作内容	操作步骤	
1	入库计划制订	1. 单击"订单管理/入库计划"按钮，进入入库计划页面，新增入库计划：单击"新增"按钮，进入新增页面	
		2. 完善入库计划信息，保存入库计划信息：单击"保存"按钮	（1）计划单号：该项为必输项 （2）客户名称：该项为必选项 （3）计划入库日期：该项为必输项 （4）备注：该项可以为空 （5）单击"增加货品"，加入计划入库的物料信息 （6）新增货品：增加需要入库的物料信息

（续）

序号	操作内容	操作步骤	
2	客户订单制定	1. 单击"订单管理/客户订单"，"新增"客户订单信息，进入新增客户订单界面	
		2. 完善并保存客户订单信息	（1）订单号：该项为必输项
			（2）客户名称：该项为必选项
			（3）订单日期：该项为必输项
			（4）备注：该项可以为空
			（5）单击"增加货品"：加入计划出库的物料信息
			（6）新增货品：增加需要出库的物料信息
			（7）保存客户订单信息：单击"保存"按钮
3	订单处理	单击"订单管理/订单处理"按钮，进入订单处理页面，单击一个或多个订单，单击"确认"按钮确认或者合并客户订单信息	

如何进行订单合并?

_____

_____

小提示：若某一个货物出现在了两个以上的订单中，则把该货物数量相加，录入系统，不需要多次重复录入。

✖ 任务实践活动

一、发布任务

（一）任务内容

2024年3月11日，小生需要在信息系统中录入下列单据的信息，包括当日的入库单、出库单和客户信息，具体见表2-26至表2-29。并且为了方便后续的分拣任务，需要将可合并的出库订单完成合并后再录入系统。

表2-26　入库通知单

客户名称：时尚贸易公司　　　　　　　　　　　　入库库房：鸿运物流公司仓库
入库通知单号：20240311R01　　　　　　　　　　预计入库时间：2024.03.11　8:00

序号	货物名称	数量（箱）	包装尺寸（mm）	生产日期
1	奥妙除菌洗衣液3kg瓶装	26	375×275×270	20210227
2	奥妙无磷全效洗衣粉4kg袋装	103	260×205×300	20210227
3	奥妙洗衣粉4kg袋装	126	380×210×200	20221105
4	白猫冷水速洁洗衣粉4kg袋装	139	360×160×300	20220913

表2-27 客户及取派货物联系人信息

客户名称	收货人姓名	收货单位	收货人地址	收货人电话
华联商厦	张萍	华联商厦仓库	济南市浦口区湛山街道	139×××6151
利客来	赵峥	利客来仓库	青岛市黄岛区珠山街道	186×××3588
统一银座	胡鹏	统一银座仓库	济南市大明湖街道	135×××5310
特信	孙军	特信仓库	烟台市芝罘区汇宾路	139×××6154
绿色果园	段鹏	绿色果园仓库	烟台市芝罘区凤凰台街道	135×××8924

表2-28 出库通知单1

发货库房：鸿运物流公司仓库　　　　　　　　　客户名称：统一银座
收货单位：统一银座仓库　　　　　　　　　　　订单发出时间：2023.3.11　16:00
出库通知单号：20240311C05

序号	货物名称	数量	单位	备注
1	白猫冷水速洁洗衣粉4kg袋装	19	箱	
2	徐福记软质牛轧糖500g袋装	17	箱	
3	大白兔巨型奶糖200g袋装	13	箱	
4	奥妙洗衣粉4kg袋装	50	袋	
5	汰渍5kg洗衣粉袋装	23	袋	

表2-29 出库通知单2

发货库房：鸿运物流公司仓库　　　　　　　　　客户名称：特信
收货单位：特信仓库　　　　　　　　　　　　　订单发出时间：2024.3.11　15:00
出库通知单号：20240311C06

序号	货物名称	数量	单位	备注
1	徐福记软质牛轧糖500g袋装	21	箱	
3	白猫冷水速洁洗衣粉4kg袋装	13	箱	
3	大白兔奶糖500g礼盒装	7	箱	
4	奥妙洗衣粉4kg袋装	15	袋	
5	金丝猴小奶糖500g袋装	13	袋	
6	大白兔牛轧糖300g袋装	13	袋	

（二）分析任务

结合实际任务内容，描述本节课的操作任务：

_____

_____

_____

_____

小提示：在系统上完成当天的订单信息。

二、任务实践活动实施步骤

（一）实施步骤

按照出入库计划和客户信息，在系统上完成订单管理。智慧物流系统订单管理流程记录表见表2-30。

表2-30　智慧物流系统订单管理流程记录表

操作内容	步骤
入库计划	（1）计划单号：_____ （2）客户名称：_____ （3）计划入库日期：_____ （4）备注：_____ （5）计划入库的物料信息： _____ _____ _____ _____
客户订单信息	（1）订单号：_____ （2）客户名称：_____ _____ （3）订单日期：_____ （4）备注：_____ （5）出库的物料信息： _____ _____ _____ _____

订单处理

播种式拣选作业单

拣货情况	货物名称		拣选货位	/	拣选数量	
分货情况	客户名称	数量	单位		出库单号	

摘果式拣选作业单

出库单号：		客户名称	
拣选货位	货物名称	拣选单位	拣选数量
/			
/			
/			
/			

小提示：播种式拣选的货物有白猫冷水速洁洗衣粉4kg袋装（32箱）、徐福记软质牛轧糖500g袋装（38箱）、奥妙洗衣粉4kg袋装（65袋），其余货物均为摘果式拣选。

（二）安全注意事项

结合本节课的任务，写出需要注意的安全事项：

_____

_____

三、任务实践活动工作页

结合本节课的任务，制订计划，并完成表2-31的填写。

表2-31 "智慧物流订单管理系统"工作计划

一、人员分工

1. 小组负责人：_____

2. 小组成员及分工

姓名	分工

二、画出订单管理系统的操作流程图

制订（　　）计划 ➡ 录入（　　）信息 ➡ 合并订单

三、采用摘果式拣选的货物

四、采用播种式拣选的货物

四、任务实践活动评价

根据实践活动开展进行，开展小组自评、小组互评、教师点评，详见表2-32、表2-33。

（一）自评互评

表2-32 学生评价表

	考核点		分值（100分）	小组自评	小组互评
知识与技能考核	订单管理系统操作流程		15		
	入库计划制订		15		
	客户订单制定		20		
	订单合并		15		
	工作任务	系统操作是否熟练	5		
		入库计划是否录入正确	5		
		客户订单是否录入正确	5		
		订单合并是否准确	5		
	职业素养考核情况	能良好地与老师同学们沟通交流	5		
		能增强资源整合理念	5		
		能够查找自身不足并改进	5		
	合计				

（二）教师评价

表2-33 教师评价表

		考核点	分值（100分）	教师评分
课堂表现		迟到一次扣2分、早退一次扣5分	10	
		用手机做与课堂无关的事，每次扣2分	10	
知识与技能考核		知识点掌握情况，每错一处扣5分	30	
	工作任务完成情况	能完成订单管理系统操作，每错一处扣2分	10	
		能完成入库计划制订，每错一处扣2分	10	
		能完成客户订单制定，每错一处扣2分	10	
		能完成订单合并，每错一处扣2分	5	
职业素养考核	课前课后	课前预习完成情况，完成率每低于一次10%，扣2分	5	
		是否提升资源整合理念	5	
		是否能够查找自身不足并改进	5	
合计				

巩固拓展

一、单选题

1. 物流订单管理系统的主要功能是（   ）。

    A. 管理货物的进出库   B. 进行路线规划和运输调度

    C. 跟踪订单状态和提供实时信息   D. 分析市场需求和制定策略

2. 物流订单管理系统利用（   ）技术来加强订单跟踪和交流。

    A. 人工智能   B. 云计算   C. 区块链   D. 物联网

3. 物流订单管理系统的数据分析功能可以用来做（   ）。

    A. 评估供应商绩效   B. 追踪销售趋势

    C. 预测市场需求   D. 分析货物流向

4. 物流订单管理系统的价值在于提高（   ）方面的效率。

    A. 运输效率   B. 人力资源效率

    C. 库存效率   D. 信息处理效率

5. 物流订单管理系统的实施需要配合（   ）部门的合作。

    A. 供应链管理部门   B. 财务部门

    C. IT部门   D. 市场营销部门

二、简答题

简述订单管理信息系统的功能。

三、系统操作

在系统上完成下列信息的录入。

入库通知单1

供应商名称：A集团公司　　　　　　　　　入库库房：盖世物流公司仓库
入库通知单号：20210701R01　　　　　　计划入库时间：2021.07.01　8:00

序号	货物名称	数量	单位	包装尺寸（mm）	出厂批次
1	椰树牌天然椰子汁	28	箱	375×275×270	20210509
2	康师傅橙汁饮品	35	箱	260×205×200	20200722

客户收货人基础信息

客户名称	收货人姓名	收货单位	收货人地址	收货人电话
世纪联华	李大强	世纪联华B市仓库	B市市中区仙华山东路	139×××6156
华润万家	王大头	华润万家B市仓库	B市历下区东南路	135×××9023
苏果超市	孙航启	苏果超市B市仓库	B市槐荫区建宁路	186×××3512

出库通知单1

发货库房：盖世物流公司仓库　　　　　　客户名称：世纪联华
收货单位：世纪联华B市仓库　　　　　　计划出库时间：2021.07.01　10:00
出库通知单号：20210630C01　　　　　　计划送货时间：2021.07.01　15:30前

序号	货物名称	数量	单位	备注
1	椰树牌天然椰子汁	8	箱	
2	椰树牌天然椰子汁	15	听	
3	酷儿QOO橙汁饮料310mL	20	瓶	

出库通知单3

发货库房：盖世物流公司仓库　　　　　　客户名称：华润万家
收货单位：华润万家B市仓库　　　　　　计划出库时间：2021.07.01　10:00
出库通知单号：20210630C03　　　　　　计划送货时间：2021.07.01　15:30前

序号	货物名称	数量	单位	备注
1	椰树牌天然椰子汁	4	箱	
2	雪碧汽水2.3L	10	瓶	
3	百事可乐（听）355mL	30	听	

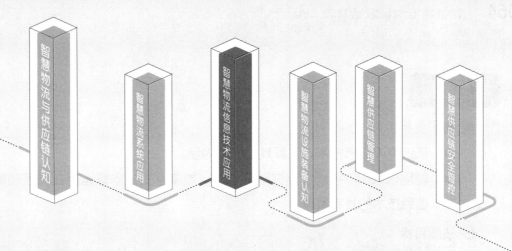

项目三

智慧物流信息技术应用

项目简介

　　智慧物流的核心是智能化、信息化、网络化、服务化，而信息化技术作为智慧物流的核心技术，将对物流行业整个供应链的实现起到至关重要的作用。物流信息化技术是智慧物流中的重要组成部分。目前主要包括以下几方面：

　　智慧作业技术是在物联网、大数据、物流云、人工智能和区块链等智慧底盘技术的基础上对传统物流"仓运配"环节的技术实践应用，体现在软、硬件两方面。仓储环节主要包含货物自动识别、自动化分拣设备与机器人、无人驾驶叉车、可穿戴设备、自动货架等；运输环节主要包括新能源车、车货匹配平台、无人驾驶技术等；配送环节主要包括智能快递柜送货机器人、无人机等。

　　物流信息化技术促使物流行业转型升级，提高物流企业的市场竞争力和盈利能力；通过物流数据分析，进一步缩短供应链反应时间，提高了物流配送的速度与精度；打通供应链信息流、物流、资金流，实现物流供应链管理的信息化智能化协同。

职业素养

　　通过本模块的学习，让学生熟知物流领域的信息化技术基本运作原理，了解RFID技术的概念、特点及分类；理解智慧物流运输的特点、体系构成、层次架构、智慧物流运输的典型应用模式；能够熟练掌握无车承运平台以及无人机或是无人车在物流运输环节的应用；能够熟练操作物流仓储环节的数字孪生技术。培养学生爱国爱家、洞察信息、分析数据、具备相关技术应用能力，顺应物流产业升级和数字化改造需求，提高学生的创新意识，培养吃苦耐劳、严谨细致的工作态度，培养学生热爱科学、尊重科技、珍惜科技的价值观，树立安全、环保、节约的职业意识。

学习目标

📖 **知识目标**

- 认识物流信息技术，了解其概念及内涵。
- 能明白 RFID 系统、定位跟踪技术、数字孪生技术等运用在物流领域的相关信息技术的基本原理。

✔ **技能目标**

- 能根据任务书，运用在系统上完成各个物流活动，实现智慧物流系统的正常运作。

📝 **素养目标**

- 培养实际操作和动手实践以及创新能力。
- 贯彻新发展理念，着力推进物流行业高质量发展。

建议学时

本项目建议学时为 20 个学时。

 任务一   射频识别技术与应用

 任务情境

　　小张是某电商物流公司的仓储管理员，小张的工作职责是需要使用射频识别技术（RFID）设备采集货物的信息（位置、名称、数量）并将信息上传到系统数据库中，查询和统计货物的出入库数据，盘点在库物资并及时生成出入库清单、盘点清单；及时、准确地掌握货位状况，了解相关原料物品的位置、名称、数量等信息。

知识储备

一、入库业务流程

具体操作步骤如下：

1）仓储管理员→物流管理信息系统获取客户或物流上一个环节的"入库作业指令"→了解相关作业细节（如入库时间、送货车辆牌号、物品清单等）的有关资料信息。

2）系统根据入库物品情况：选择仓库→然后根据所选的仓库进行物品库区和储位的分配→做好接货时间、人员、地点和装卸设备的预入库准备。

3）物品到待检区：入库门口的固定RFID阅读器读取电子标签→采集物品信息→根据入库物品信息数据表中的入库物品信息→按照一定的逻辑判断验证电子标签信息与入库物品信息是否相符→从而决定该物品是否可以入库。

4）对验证无误准许入库的物品：通过仓库的自动化设备（带有RFID阅读器的叉车）搬运物品并将物品存放到指定的位置。

5）入库处理作业结束后通过手持RFID读写器上传数据至数据库，完成对物流管理信息系统相应信息的更新操作。电子标签中的数据也需要更新即写入该处理工作的时间，这样做可以实现对物品的追踪。在所有电子标签信息处理完成后，自动入库管理子系统需要向物流总公司及物流大客户或合作伙伴进行信息反馈。

二、出库业务流程

出库业务的流程如下：

1）仓储管理员通过物流管理信息系统获取客户或物流上一个环节的"出库作业指令"，了解相关作业细节（如出库时间、接货车辆牌号、物品清单等）的有关资料信息，制订出库计划。

2）使用叉车或堆垛机到指定库位依次取货，手持移动设备或固定读写器将操作结果通过无线网络传输给RFID仓储管理信息系统。

3）分拣。取出的货物被送上自动分拣设备，安装在自动分拣设备上的自动识别装置在货品运动过程中阅读RFID标签，识别该物品属于哪一个客户订单。RFID信息系统随即控制分选运输机上的分岔结构把物品拨到相应的包装线上进行包装以及封口。

4）出库验证。物品被运送到出库口处，手持移动设备扫描验证货物信息，同时对接货人员的RFID工作卡信息及车辆信息进行扫描核对，核对无误后按要求进行准许出库操作并进行装车作业。对于接货人员及车辆信息与RFID信息系统不符的要向业务部门发送有误信息通知，询问处理方案。装车时要注意是否有货损情况发生，若有要立即向相关单位的业务部门报告，并按其提出的处理意见进行处理。

5）出库完毕，完成对系统相应信息的更新操作。电子标签中的数据也需要更新即写入该处理工作的时间。在所有电子标签信息处理完成后，自动出库管理子系统需要向邮政物流总公司及邮政物流大客户或合作伙伴进行信息反馈。

三、盘点业务流程

1）根据物流管理信息系统盘点计划选择要盘点的仓库、库区等，并制定盘点表，生成盘点清单。

2）堆垛机定位到需要进行盘点的货位后，信息系统通过无线网络控制RFID读写器开始读取数据。RFID读写器通过无线网络将盘点数据传送到信息系统，信息系统计算每个货位上的货物数量的系统统计数量与盘点数量的差异。

3）库存管理主要是完成盘点作业，同时还可以进行库存调整管理、库存浏览、货物库存分布查询和储位货物分析等。

✕ 任务实践活动

一、发布任务实践活动

（一）任务内容

认知RFID标签与识读设备，具体如下：

1）认识EPC-Gen2超高频电子标签UHF（915MHz）。

2）认识ISO 18000-6B超高频电子标签UHF（915MHz）。

3）认识超高频长距离一体化读写器UHF（915MHz Reader）

4）认识高频RFID手持设备。

5）了解RFID系统的操作过程。

通过标签识别物体名称信息（见表3-1）：

表3-1　物体名称信息

序号	名称	看实物说名称
1	EPC-Gen2超高频电子标签UHF（915MHz）	
2	ISO 18000-6B超高频电子标签UHF（915MHz）	
3	超高频长距离一体化读写器UHF（915MHz Reader）	
4	高频RFID手持设备	
5	RFID系统的操作过程	

（二）明确任务

结合实际任务内容，描述出本节课的操作任务：

_____

_____

_____

二、任务实践活动实施步骤

1）安装读写器、连接PC、选择通信方式。

2）运行读写器驱动软件、设置相关参数。

3）读写数据测试。

4）门禁系统、仓库管理系统、交通自动收费系统（根据实验室配置选）。

三、任务实践活动工作页

（一）安全注意事项

结合本节课的任务，写出需注意的安全事项：

_____

_____

（二）明确分工

结合本节课的任务，完成角色分工：

（三）绘制入库作业、出库作业、盘点作业流程图

四、任务实践活动评价

根据实践活动，完成小组自评、小组互评、教师点评，具体评价内容及标准分别见表3-2和表3-3。

（一）自评互评

表3-2　学生评价表

		考核点	分值（100分）	小组自评	小组互评
知识与技能考核		RFID标签与识读设备	10		
		采用RFID技术完成入库作业任务	15		
		采用RFID技术完成出库作业任务	15		
		采用RFID技术完成盘点任务	15		
	工作任务	分配物品库区和储位—入库	8		
		手持设备扫描验证出库货物信息—出库	7		
		制定盘点表，生成盘点清单—盘点	15		
	职业素养考核情况	能良好地与老师同学们沟通交流	5		
		能理解新发展理念	5		
		能够查找自身不足并改进	5		
		合计			

（二）教师评价

表3-3　教师评价表

	考核点		分值（100分）	教师评分
课堂表现	是否迟到、早退		10	
	是否用手机做与课堂无关的事		10	
知识与技能考核	知识点掌握情况		15	
	工作任务完成情况	分配物品库区和储位—入库	10	
		手持设备扫描验证出库货物信息—出库	15	
		制定盘点表，生成盘点清单—盘点	10	
职业素养考核	课前课后	是否做好预习工作	10	
		是否能理解新发展理念	10	
		是否能够查找自身不足并改进	10	
合计				

巩固拓展

一、填空题

1. 一套完整RFID系统由＿＿＿＿、＿＿＿＿和＿＿＿＿三个部分组成。

2. 射频识别是一种非接触式的＿＿＿＿，它通过射频信号自动识别目标对象并获取相关数据，识别工作无须人工干预，可在各种恶劣环境下工作。是射频识别系统的数据载体，电子标签由标签天线和标签专用芯片组成。

3. 在物流领域，RFID电子标签可以应用于自动仓储库存管理、＿＿＿＿、供应链自动管理、产品装配和生产管理、产品防伪等多个方面。

4. 在RFID技术中，主动式标签与被动式标签的主要区别在于＿＿＿＿。

二、选择题

1. 不属于RFID构成部分的是（　　　）。

　A. 标签　　　　B. 阅读器　　　　C. 天线　　　　D. 中间件

2. 以下有关射频识别的描述错误的是（　　　）。

　A. 是一种接触式的自动识别技术　　B. 通过射频信号识别目标并获取数据

　C. 识别工作无须人工干预　　　　　D. 可工作于各种恶劣环境

3. 电子标签依据频率的不同，可分为低频电子标签、高频电子标签、超高频电子标签和（　　　）。

　A. 有源电子标签（Active tag）　　B. 无源电子标签（Passive tag）

　C. 半无源电子标签　　　　　　　D. 微波电子标签

三、简答题

1. 射频识别系统的组成原理是什么？

2. 请简要说明RFID技术在物流领域的应用现状。

 任务二　**定位跟踪技术在智慧物流运输环节的应用**

 **任务情境**

　　小新作为公司的物流车辆调度员，现在需要完成从广州到西安的货物运输任务。为了及时获取货物一路的运输状态、提高这批在途物资的安全性和客户体验感。同时便于实施车辆位置的实时监测，企业在物流过程中引入在途可视化的跟踪定位技术。并将小新派出学习有关物流运输中跟踪定位技术，培训班结课任务是请设计一套可视化管理全链路方案。

 知识储备

一、射频识别定位跟踪技术

　　射频识别定位跟踪技术是一种利用射频信号为介质的无线通信，可实现跟踪目标的自动识别，该技术采用固定的阅读器来读取目标范围射频识别标签的特征信息，不需要在识别系统与特定目标之间进行光接触或机械接触。该技术针对车辆段作业区域的特殊环境条件和现场作业的具体需求提出人员轨迹管理方案，通过射频识别找出需要定位跟踪管理的人员，实现对人员位置信息的跟踪。

　　射频技术原理如图3-1所示。

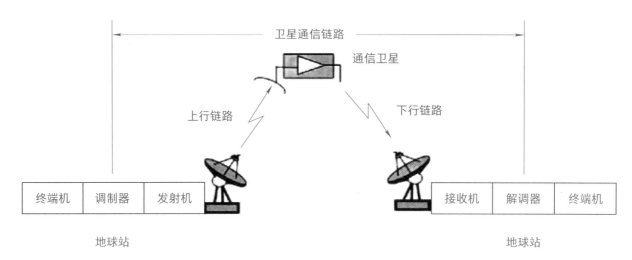

图3-1　射频技术原理

二、超宽带（UWB）定位跟踪技术

　　UWB定位跟踪技术是一种以超低功率完成高速数据传输的无线通信技术。该技术通过原布置好的锚节点和桥节点，与新加入的盲节点进行数据交互，并利用三角定位等定位方式确定相应点的位置，从而实现对车辆段作业人员在作业过程中的位置自动定位及状态识别，实现轨道交通车辆段现场作业人员的管理。该技术利用定位基站和定位标签之间的关系确立现场人员的轨迹和行为。该技术首先建立人员安全行为的标准库和异常行为的模式库，然后将采集的人员位置信息进行统计分析，通过与标准库和异常行为库进行比对，判断作业人员当前的行为是否正常，实时监督作业人员的行走轨迹以判断其是否在规定的安全区域内活动，若发现异常情况，系统则及时发出告警信号，提醒现场人员注意。UWB技术原理如图3-2所示。

图3-2　UWB技术原理

三、基于北斗短报文人员定位跟踪技术

北斗短报文主要通过类似短信息的方式进行交互通信，通过包含位置信息的报文确定跟踪目标的当前位置。该技术通过双向通信的方式实现双向的数字通信，与常规的GPS只具备单向通信的功能相比，更具有先进性。北斗短报文的通信原理大概如下：发送方首先将含接收方ID和通信内容的申请信号加密并通过卫星转发入地面中心站，中心站收到申请信号之后，进行解密再加密并加入出站的广播电文中，通过卫星广播给目标用户。目标用户接收到出站信号并进行报文解密，从而完成一次通信。北斗短报文通信的原理如图3-3所示。

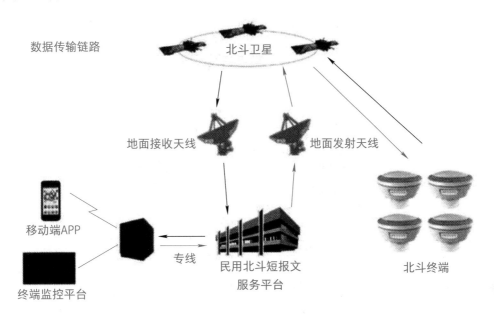

图3-3　北斗短报文通信的原理

✗ 任务实践活动

一、发布任务实践活动

（一）任务内容

小新作为公司的物流车辆调度员，现在需要完成从广州到西安的货物运输任务。请扫码观看视频后，口述车辆调度作业的工作流程。

为了及时获取货物后续运输状态，提高在途物资的安全性和客户体验感，同时便于实施车辆位置的实时监测，在物流过程中引入在途可视化的跟踪定位技术（如图3-4所示）。然而，对于高额货值的整车、大票零担货运，货物运输、转包路径仍然是监管盲区，串货、货物异常、超时送达、信息反馈不及时等问题仍难以消除，物流企业急需一套行之有效的方案来解决货物全程可视化的难题。

先从设计方案框架开始：

1）需求分析：分析货物特性、运输路线、客户需求等。

2）技术选型：根据需求选择合适的定位跟踪技术，在途可视化跟踪定位技术示例如图3-4所示。

货物信息采集与处理　　　　库内环境监测与控制

人员/设备位置监测与分析　　　　视频监控与分析

GPS车辆位置监测与分析　　报警监测与处理
　　　　　　　　　　　　　（危险行为监测）

图3-4　在途可视化跟踪定位技术示例

3）系统设计：设计系统架构，包括硬件部署、软件平台等。

例如，智慧货运车辆管理系统架构如图3-5所示。

图3-5　智慧货运车辆管理系统架构

4）安全保障：设计货物安全保障措施，如电子锁、温湿度监控等。

例如，智慧货运车辆管理流程基于物联网、大数据、云计算等技术，结合智能感知、视频监控、多重定位系统构建车辆监控物联网络，对物流车辆进行实时追踪与监控，同时可对货物进行定点管理。智慧货运车辆业务管理流程如图3-6所示。

5）客户体验：设计提升客户体验和个性化的措施，如实时状态更新、异常报警等。智慧运输物流云平台工作场景如图3-7所示。

图3-6　智慧货运车辆业务管理流程

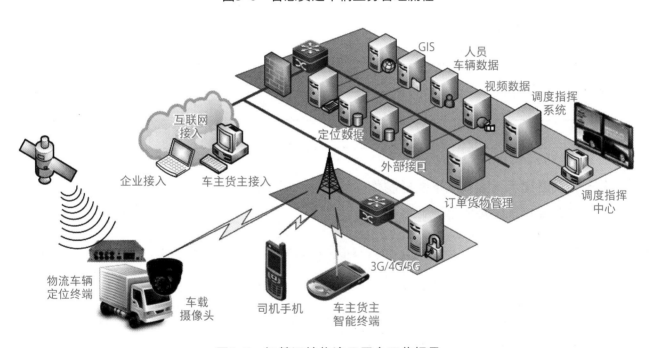

图3-7　智慧运输物流云平台工作场景

（二）分析任务

结合实际任务内容，描述本节课的操作任务：

_____

_____

_____

二、任务实践活动实施步骤

（一）小组合作，梳理车辆调度作业工作流程

_____

_____

_____

_____

（二）根据以下步骤，设计可视化管理全链路方案

1. 采购货物跟踪定位设备清单及功能（见表3-4）

表3-4　采购货物跟踪定位设备清单及功能

序号	设备名称	型号	功能	备注
1				
2				

2. 可视化管理全链路方案：

_____

_____

_____

_____

（三）根据提示，完成以下图形制作

1. 画出智慧货运车辆管理业务流程图。

2. 画出智慧货运车辆系统架构图。

3. 请补充完整基础设备层（车辆监控终端）：_____、太阳能板、RFID、电子围栏、_____、门磁开关、_____。

三、任务实践活动工作页

（一）结合本节课的案例，完成以下任务实践活动

货物追踪物联网设备还有哪些特点？请从充电模式、终端参数的设置，以及工作模式几方面进行考虑。

（二）完成角色分工

结合本节课的任务，制订分工计划，并完成表3-5的填写。

表3-5　任务实践活动工作页

一、人员分工
1. 小组负责人：_____
2. 小组成员及分工

姓名	分工
	搜集员：负责搜集资料
	整理员：负责将搜集到的资料画出重点，进行整理
	记录员：负责将整理出来的资料进行记录并制作成PPT
	汇报员：负责汇报总结

二、分析时的注意事项

四、任务实践活动评价

根据实践活动，完成小组自评、小组互评、教师点评，具体评价内容及标准见表3-6和表3-7。

（一）自评互评

表3-6　学生评价表

考核点			分值（100分）	小组自评	小组互评
知识与技能考核	车辆调度作业工作流程		10		
	自动化管理运输系统		15		
	设计可视化管理全链路方案		20		
	设计智慧运输车辆管理系统功能模块		20		
	工作任务	口述车辆调度作业流程	8		
		设计自动化管理运输系统	7		
		设计可视化管理全链路方案	5		
职业素养考核情况	能良好地与老师同学们沟通交流		5		
	能理解物流新信息技术		5		
	能够查找自身不足并改进		5		
合计					

（二）教师评价

表3-7　教师评价表

考核点			分值（100分）	教师评分
课堂表现	是否迟到、早退		10	
	是否用手机做与课堂无关的事		10	
知识与技能考核	知识点掌握情况		10	
	工作任务完成情况	口述车辆调度作业流程	7	
		设计自动化管理运输系统	13	
		设计可视化管理全链路方案	15	
职业素养考核	课前课后	是否做好预习工作	10	
		是否能理解新发展理念	15	
		是否能够查找自身不足并改进	10	
合计				

巩固拓展

单选题

1. GPS地面观测站的作用是（　　　）。

   A. 广播星历　　　　B. 发布时钟　　　　C. 监测卫星　　　　D. 调整导航电文

2. （　　　）不是物流信息的特征。

   A. 信息量大　　　　B. 更新快　　　　C. 来源多样化　　　　D. 单向流动

任务三　网络货运平台在智慧物流运输环节的应用

任务情境

在传统公路货运行业中，车与货的组织和匹配主要依赖于人际关系网络。公路货运行业于2013年前后开始引入"互联网+"的概念，改变了货运市场的车货匹配模式，大幅降低了公路货运的空驶、空置、空载的情况。2016年，国家开展网络货运的前身"无车承运人"试点工作，并在期间出台了多项优惠政策和办法推进网络货运平台发展，市场中涌现出大量的网络货运平台。据交通运输部网络货运信息交互系统统计，截至2021年12月31日，全国共有1968家网络货运企业（含分公司），整合社会零散运力360万辆、驾驶员390万人，全年完成运单量6912万单。目前，网络货运平台已经在公路货运的集约化、高效协作、资源调配方面发挥了显著的作用。

陕西陆运帮网络科技有限公司（简称陆运帮）成立于2017年，总部位于陕西省西安市国际港务区，是陕西省首家拥有自主研发团队的无车承运企业，承建了陕西首个无车承运政务服务中心。自成立以来，陆运帮致力于做"一站式大宗商品物流综合解决方案服务商"，通过科技创新重构物流行业运作模式，成功引领产业向数字化、信息化、智慧化方向转型升级。

假如你是该公司智能信息化管理部门的一名员工，目前的岗位职责主要是负责集运宝（该公司的网络货运平台）管理系统的运行及维护，请问你会怎样研发你们公司有关集运宝项目相关的产品？从哪些方面进行研发？

知识储备

一、网络货运平台相关概念

回顾网络货运平台的发展历程，在20世纪70年代的发达国家，以无车承运人的业态客观存在并发展，无车承运人是指自身不拥有车辆，且一般不承担实际运输，而是从事辅助运输的业务，具体包括组织货运、匹配货源车源、选择运输方式和运输路线等。无车承运人通过对货源车源的信息配置管理，实现了对实体资源的全面整合，属于知识信息密集型企业。伴随大数据产业、云计算的兴起，2014年，"互联网+"的概念被引入物流行业，2016年，我国引入了"无车承运人"的概念，进行了为期3年的试点工作，国务院连续发布多个文件持续引导无车承运人的发展。随着互联网和大数据技术的广泛应用，网络平台经济在全球迅速兴起，平台企业具有规模性、经济性和开放性的优势，并掌握着平台用户的交易、结算等众多信息，占据着客户和数据的优势，网络平台作为一种新的组织形式不仅出现在信息技术产业中，而且已经渗透到传统的物流行业，新技术、大数据以及成本压力三大要素促使物流行业与网络平台的深入融合，物流行业从无车承运人升级到网络货运平台。在2019年9月发布的《网络平台道路货物运输经营管理暂行办法》（简称《办法》）中"网络平台道路货物运输经营"正式取代了"无车承运"，并对其定义和法律地位进行了明确界定，原无车承运人试点工作于2019年12月31日正式结束，从2020年开始，原无车承运人试点企业可按《办法》要求，申请"网络货运"的道路货物运输经营许可。2020年9月，中国物流与采购联合会依据《网络货运平台服务能力评估指标》（T/CFLP 0024-2019）团体标准，第一批A级网络货运平台23家企业被审定通过，计划以先行试点的标杆模式，逐渐改变物流行业以往散乱、无序、低效的运营模式，降低成本，规范行业发展。从网络货运平台的业务模式可以看出，网络货运平台是连接托运人和实际承运人的第三方，网络货运平台是一种通过互联网大数据技术将无车承运与网络平台深度融合后的产物，核心是跟托运人签订合同承接业务，同时跟实际承运人签订货物运输合同，平台对接单、发货、对账、支付的整个运输流程进行负责。传统意义上，物流公司的运营只需要将托运人的货物运输至指定地点，而平台企业的货物运输需要同多个利益相关者进行调配，涉及金融、运输、监管审批等多方协调，这大大提升了网络货运平台的运营复杂性。

二、网络货运平台行业发展历程

本书的网络货运均指在公路上的货物运输。2010年之前，我国公路货运处于缓慢发展阶段，主要货运交易的主要媒介是信息部；2013年至2014年为我国网络货运平台的孕育阶段，以匹配车货信息为主要服务内容的物流平台不断出现。2015年至2018年是我国车货匹配平台的大发展阶段，2016年交通运输部办公厅颁布《关于推进改革试点 加快无车承运物流创新发展的意见》，全国启动无车承运人试点，许多平台企业进入公路货运市场，有力推动了行业的创新发展，"互联网+物流"平台企业数量增长迅猛，资源整合能力显著增强，截至2018年年底，确定的229家试点企业，215万辆社会零散运力被整合，占我国营运载货汽车总量的16%，排名前20位的试点企业运费总额达372亿元，占总规模的71.6%，行业集中度不断提高，物流市场结构加快向规模化、组织化、集约化方向发展，运营效率得到大幅提升，托运企业的平均等货时间由2～3天缩短至8～10小时，交易成本降低了6%～8%。2019年以来，行业发展进入了新阶段，尽管"互联网+"企业呈现爆发式增长，单纯借鉴"滴滴打车模式"提供车货匹配业务的平台逐渐被市场淘汰，业内很多企业开始探索从单一业务模式平台向多种业务模式平台转型，从信息服务向增值服务发展，延伸服务链条，推动行业的规范化和高质量发展。下一步无车承运怎么干？2019年，交通运输部、国家税务总局发布了《网络平台道路货物运输经营管理暂行办法》，标志着无车承运人试点工作圆满结束，网络货运经营拉开序章。2020年是网络货运运营发展的第一年，截至2020年年底，有813家网络货运平台申报成功。到了2021年9月30日，全国有1755家网络货运企业（含分公司）申报成功，整合社会零散运力397万辆，整合驾驶员301万人。网络货运平台在现代信息技术的强力支撑下，使降低货物流通成本的目标逐步得以实现，让物流运输的效率更高。市场需求、行业发展和政策支持结合在一起，网络货运平台站在了行业大发展的新起点。网络货运平台行业发展历程见表3-8。

表3-8　网络货运平台行业发展历程

时间段	所处阶段	主要特点
2013年之前	缓慢发展阶段	主要通过信息部作为货运业务交易的主要模式
2013年至2014年	孕育阶段	开始出现以车货信息匹配服务为主的物流平台
2015年至2018年	车货匹配平台的大发展阶段	全国启动无车承运人试点
2019年	"互联网+"物流新业态发展的无车承运人	"互联网+"物流新业态发展的无车承运人试点有序发展
2020年	网络货运落地运营发展元年	813家网络货运平台申报成功
2021年	网络货运大发展	1755家网络货运平台申报成功

针对网络货运平台的发展趋势，为更好地理解和掌握国家、地方政府各层面的相关政策，支持网络货运平台高质量发展，网络货运平台有关要求管理政策见表3-9。

表3-9　网络货运平台有关要求管理政策

年度	重要政策文件名称	主要内容
2016年	《关于推进改革试点　加快无车承运物流创新发展的意见》	结合当时我国无车承运人发展的实际需求，规范并引导无车承运人经营做法、信用体系建设、全面落实营改增相关政策、激发管理模式的创新运营、探索创新管理制度
2017年	《交通运输部办公厅关于做好无车承运试点运行监测工作的通知》《交通部运输厅关于进一步做好无车承运人试点工作的通知》	监测各地交通运输主管部门报备的无车承运试点企业的运行情况，主要内容为：运输资质比对、运输业务监测、服务质量及信用监测、运行绩效监测
2018年	《交通运输部办公厅关于公布无车承运人试点考核合格企业名单的通知》《交通运输部办公厅关于深入推进无车承运人试点工作的通知》《交通运输部办公厅关于无车承运人试点综合监测评估情况的通报》	公示了考核合格的229家名单；从加强试点运行监测评估等5个方面深入推进无车承运人试点有关工作进行了部署；对229家无车承运试点企业的综合监测评估情况进行通报

（续）

年度	重要政策文件名称	主要内容
2019年	《国务院办公厅关于促进平台经济规范健康发展的指导意见》《网络平台道路货物运输经营服务指南》《省级网络货运信息监测系统建设指南》《部网络货运信息交互系统接入指南》	为促进平台经济健康发展，提出"降低企业合规成本"等五条举措；为推动网络平台货运健康规范发展，提高服务质量，发布运输经营服务、系统接入、监测系统建设等指南
2020年	《网络平台道路货物运输经营管理暂行办法》	从2020年1月1日起，试点企业应按照该办法有关规定和要求，申请"网络货运"的道路运输经营许可；对符合条件的试点企业，各级担任有道路运输监督管理职责的机构应按照该办法，对其换发道路运输经营许可证。对未纳入试点范围的经营者，可按照该办法申请经营许可，依法依规进行网络货运的经营

三、智能化场景及案例

针对货物运输的智能化发展，以下为智能化场景的案例：

【案例一】收发货提醒与在途异常上报，其要点是在途场景及智能用户场景：沟通效率提升需求，在途风险预警前置实施。

在货物运输途中，由于缺乏对非自有车辆的监控条件，很多无车承运企业遇到车辆在途管控难的问题，难以满足上游企业对于运输全程可视化和高效安全的要求。通过应用地理围栏技术，可将给收发货人的收货/发货提醒消息触发条件设置为车辆当前区位，实现上下游的便捷交互。

通过各种渠道（常用渠道包括LBS、北斗、App、便携定位终端）整合后的定位技术，和路径规划技术划定的安全范围，可实现在途异常的即时监测和上报，并根据精度要求开展校验，进行异常情况的技术剔除，从而完善该功能模块。该功能可结合送达时间预测共同给客户提供更可靠的在途监控体验。

【案例二】下单习惯预测，其要点是下单场景及智能用户场景：下单操作简化需求。

货主下达物流需求时，若不能通过销售订单直接同步生成，则需要大量的手动录入工作，系统通过历史数据的积累和学习，结合预测模型进行主动推算和联想可为用户提供更友好的下单体验。该功能的设计需要面向发货需求有规律的货主，和发货需求中有规律的信息项。实际预测模型的精度要求和可靠性要求，可由无车承运平台运营方依据偏好进行设计。经局部测试，下单习惯的预测和联想可为货主节省超过50%的下单时间。

【案例三】机器自主派单，其要点是派单场景及智能用户场景：派单效率优化需求。

对于车辆的选调，当前各无车承运平台对人工的依赖程度有所不同，而共性在于，派单机制需要基于车主用户的评价机制。基于无车承运业务属性，准入条件应该为证照齐全真实，基础的评价维度应该涵盖历史承运安全记录、历史服务质量水平、历史成交价格水平等。运力池是每一个无车承运平台的核心竞争力之一，基于评分制的运力池管理是维护策略之一。

在评分基础上，派单需要考虑的问题还包括货主特征需求的匹配能力、货主时效指标的达成能力等。需求匹配能力可通过历史承运的货主和行业属性，结合当前订单的特征矩阵进行判定，而时效达成能力可通过某线路的承运时间以及当前车辆位置来判定。

最终决策的达成需要经过历史数据的校验，建议分业务类别检验并提前确定置信水平，分步上线自主派单模块。另外，结合车辆位置的主动推送订单也可扩大平台派单范围。

四、网络货运平台在智慧物流运输环节的应用

网络货运平台在智慧物流运输环节的应用主要见表3-10。

表3-10 网络货运平台在智慧物流运输环节的应用

智能配货和订单调度	无车承运平台可根据货物的属性，如重量、体积、目的地等，自动匹配合适的车辆和司机进行配货。同时，平台还能根据订单的紧急程度和车辆的实时位置进行智能调度，确保货物按时送达
实时监控与追踪	通过物联网技术，无车承运平台可以实时监控追踪货物的位置和状态，包括货物位置、温度、湿度等信息
智能运输路线规划	平台会根据货物的目的地、出发地和实时交通状况等因素，智能规划运输路线，优化运输路径，减少运输时间
综合服务与客户管理	无车承运平台还为货主提供一系列综合服务，如货物跟踪、签收确认等，并为客户提供货物运输的证明和报告。此外，平台还负责客户管理，包括客户信息维护、客户关系管理等
安全与风险管理	平台通过大数据分析和风险评估，可以对运输过程中的安全隐患进行识别和管理，保障货物运输的安全
数字化服务	无车承运平台通过数字化技术，提高运输与物流服务交易的效率，降低交易成本。托运人可以通过平台找到更多承运人，减少中间环节，降低成本。同时，平台也为实际承运人提供了更多寻找托运人的机会

✖ 任务实践活动

一、发布任务实践活动

（一）任务要求

学生以小组为单位，完成如下几个任务：

1）网上调研网络货运平台公司——陕西陆运帮，调查其企业简况、商业模式、物流解决方案，以及远景规划。

2）搜集至少三种不同的网络货运平台案例。

3）举例说明信息撮合型、承运型以及物流园区型三种网络货运平台的区别。

4）思考：如何提高平台盈利水平？如何进行车辆路径优化？如何优化取送货和时间窗的车辆路径？如何匹配多式联运网络，为平台提升收益？

二、任务实践活动实施步骤

步骤1：全班分组，形成比对小组。

全班分4组，每组分别从企业简况、商业模式、物流解决方案和远景规划方面对自己所在小组分配的企业进行调研。

步骤2：分析案例，探究陕西陆运帮。

以项目组为单位，通过学习案例，探究陕西陆运帮在智慧物流运输环节中的科技创新模式。

步骤3：查找资料，分析网络货运平台经营者案例，研究网络货运平台经营模式。

上网查找在"互联网+"的背景下，国内网络货运平台物流模式创新典型案例，并进行总结。

步骤4：各组推荐代表上台分享。

各组制作汇报PPT，并派一名代表上台将本组查找的资料与大家分享。

任务实施要求：4~6人为一组展开讨论，每组选派一名代表上台陈述。

三、任务实践活动工作页

以4~6人为一组展开讨论，按以下工作页（表3-11）提示完成任务实践活动。

表3-11　任务实践活动工作页

一、人员分工	
1. 小组负责人：_____	
2. 小组成员及分工	
姓名	分工

二、陈述汇报内容

任务要求：学生以小组为单位，完成如下几个任务：

1）网上调研网络货运平台公司——陕西陆运帮，企业简况、商业模式、物流解决方案、远景规划。

2）搜集至少三种不同的网络货运平台案例。

3）举例说明信息撮合型、承运型以及物流园区型三种网络货运平台的区别？

4）思考：如何提高平台盈利水平？如何进行车辆路径优化？如何优化取送货和时间窗的车辆路径？如何匹配多式联运网络，为平台提升收益？

四、任务实践活动评价

根据实践活动，完成小组自评、小组互评、教师点评，具体评价内容及标准见表3-12和表3-13。

（一）自评互评

表3-12 学生评价表

	考核点		分值（100分）	小组自评	小组互评
知识与技能考核	网络货运平台基本概念		10		
	网络货运平台三种模式		15		
	LBS定位、北斗定位等基本定位模式		15		
	网络货运平台发展历程		15		
	网络货运平台管理政策		15		
	工作任务	利用地理围栏技术定位	5		
		辨析网络货运平台类型	5		
		比较分析三种不同类型的网络货运平台区别	5		
	职业素养考核情况	能良好地与老师同学们沟通交流	5		
		能理解新发展理念	5		
		能够查找自身不足并改进	5		
合计					

（二）教师评价

表3-13 教师评价表

	考核点		分值（100分）	教师评分
课堂表现	是否迟到、早退		10	
	是否用手机做与课堂无关的事		10	
知识与技能考核	知识点掌握情况		10	
	工作任务完成情况	利用地理围栏技术定位	12	
		辨析网络货运平台类型	13	
		比较分析三种不同类型网络货运平台的区别	15	
职业素养考核	课前课后	是否做好预习工作	10	
		是否能理解新发展理念	10	
		是否能够查找自身不足并改进	10	
合计				

巩固拓展

1. 网络货运平台的概念是什么？

2. 请说出三种网络货运平台的类型，并简单描述他们的区别。

任务四　无人机/无人车在智慧物流配送环节的应用

 任务情境

京东自2016年5月成立X事业部以来，就开启了不断升级的智慧物流之旅——无人机、配送机器人从研发到配送试运营，无人仓完成了物流机器人的原型开发并提供开放平台给行业合作伙伴。假如你是京东的一名新锐之星，目前你负责协助研发部门研发尖端智能物流项目。

 知识储备

案例分析——以京东为例

京东是我国最大的自营式电商企业，也是我国第一个成功在美国上市的大型综合型电商平台，自2004年正式涉足电商领域以来一直保持着大幅领先于行业平均增速的发展态势。京东的成功，离不开物流自建的前瞻性战略。一直以来，京东将物流作为核心竞争力之一，投入巨资建设物流体系，目前已打造起我国电商领域规模最大的物流网络——拥有7个物流中心，运营200多个大型仓库，仓储面积超过460万平方米，在全国2600多个区县设有6700多个配送站和自提点……基于此，京东推出了多项创新物流服务，如211、极速达、半日达等，不仅成为我国电商行业标杆，更领先于全球同行。为了更好地服务自营业务以及平台商家和其他品牌企业，京东自2007年就开始不遗余力地建设其自有物流系统。近年来，京东在现有功能强大的物流配送体系基础上，更是不断加大对智慧物流的投入。2016年5月，京东成立X事业部，正式进军智慧物流领域，并面向全球顶尖智能设备制造商共同建立智慧物流技术开放平台。

X事业部无疑是京东最"年轻"而又肩负重任的部门，该事业部总裁同样也是京东集团最年轻而又资历深厚的副总裁，出身软件设计的他是京东早期前端网站、供应链系统的核心人员，赫赫有名的京东配送青龙系统以及仓储系统、售后客服系统均由他主持设计、开发，而同样备受业界瞩目的"亚洲一号"项目也承载着他的心血，他就是鲜少接受媒体采访，醉心于技术研发的肖军。肖军不仅是京东X事业部总裁，全面负责京东智慧物流的研发，带领团队在无人仓、无人机、无人车、仓储机器人等方面进行深入的研究，同时还是京东运营研发部负责人。可以说，肖军是京东智慧物流体系的奠基人和缔造者。

关于京东X事业部中的"X"有何特殊含义？该事业部是在什么背景下成立的？肖军作了如下解释：在数学里，"X"常用来代表未知数，以此命名负责智慧物流的新事业部也正是想表达京东对未知领域、对前沿技术不断探索的态度。换句话说，京东的X事业部将面向未来，致力于更高科技的智慧物流技术研发。

事实上，在X事业部成立前，京东的运营研发部便设有智慧物流研发实验室进行新技术的研发。随着电商行业的高速发展、研发工作的不断推进以及京东整体运营模式的日趋成熟，可以明确地看到智慧物流未来发展的方向与需求。因此，京东必须提早布局，加大投入力度，通过成立X事业部将智慧物流的研发、规划，以及公司未来的运营进行一体化考虑，并将前沿科技渗透到更长的物流链条中，助力京东各个项目的顺利推进。这是京东X事业部成立的动因，也是其肩负的重任。以下为京东无人仓平面图及其功能分布图，具体如图3-8至图3-11所示。

图3-8　京东无人仓平面图

图3-9　AGV搬运路径

图3-10　货物立体库

图3-11　智能分拣工作站

一、京东智慧物流配送设施设备

智慧物流是基于海量精准的数据智能融合的技术应用及全面开放的生态体系构建高效的物流平台，实现开放创新、协同创新的智能物流新业态。智慧物流并非单一环节或局部的自动化设备升级，而是从整体系统进行作业优化及效率提升。京东物流一直致力于仓储与配送的全面智能化，具体包括以下三个方向：

1．全智能化无人仓

无论是技术发展趋势，还是不断上涨的人工成本，均使市场对仓储智能化系统需求越来越强烈，电商行业正掀起仓储智能化建设热潮，以满足海量订单快速准确处理的需要。

2．无人机

京东农村战略的成功落地使农村市场订单量快速增长。但是农村人口密度低，单位面积下支撑的订单量有限，沿用之前的配送方式无疑意味着运营成本升高，订单周期拉长，客户体验降低。因此，京东尝试用无人机来替代人工送货，将货物从各城镇末级站点送至各村配送点，实现15～25公里范围内的自动配送。

3．无人车

利用智能无人驾驶车承担配送员的部分送货任务，实现最后一公里自动配送。无人仓、无人机、无人车便是京东智慧物流体系建设的三大重点和方向，被称为"三无计划"。通过无人仓实现收货存储、拣选、出库等仓储作业的全面自动化，通过无人机解决农村配送瓶颈，通过无人车实现城市最后一公里配送，从而形成仓储与配送紧密结合的完整的智慧物流体系，为京东持续发展提供强大支撑。无人车、无人机配送分别如图3-12、图3-13所示。

图3-12　无人车配送

图3-13　无人机配送

二、典型的京东智慧物流无人仓、无人机、无人车

以京东物流公司的无人仓、无人机、无人车为例，智慧物流体系的规划主要体现如下。

1．无人仓

采用比"亚洲一号"更为先进的全新智慧物流技术，其核心优势为采用数据感知、机器人和人工智能算法指导生产，从而实现作业效率提升和人力消耗的降低，全面改变目前的仓储作业模式。如果将京东无人仓看作可以自主学习、自主操作的人，那么人工智能算法犹如可以思考的大脑，数据感知犹如洞悉一切的眼睛，机器人则如同灵活自如的四肢。

在数据感知方面，京东已经在图像处理、认知感知等领域进行了大量的基础研究，可以迅速将传感器获取的信息转化为有效数据，通过大数据、人工智能、机器学习等模块生成决策指令，更好地指导库内作业算法是无人仓技术的核心与灵魂，它可以在上架、补货、出库等各个环节发挥作用，提升仓储运营效率。除了这些"软实力"，京东无人仓内各个环节的机器人也充分显示了京东物流的"硬功夫"，如自动化立体库里的Shuttle（穿梭车）、地面上穿梭的AGV以及输送线旁的六轴机器人、并联机器人、直角坐标机器人、自动叉车等，大幅提高货物存储、搬运拣选等环节的效率。可以说，京东无人仓在作业效率、灵活性、吞吐量等方面均实现了里程碑式的提升。

2. 无人机

京东无人机致力于打造干线级、支线级、末端级三级无人机+通航物流体系，意在覆盖全国广大农村地区，实现村村通、县县通，该体系先从末端布局，之后逐步建立干线和支线物流网络，最终构建天地一体化的智能物流网络，实现2小时物流生活圈，提升广大消费者的购物体验。京东无人机正在打造三级无人机+通航物流体系，建立干线、支线、末端无人机物流配送，逐步构建天地一体的无人机智能物流网络。

Y-1三轴共桨六旋翼技术相对成熟，构造新颖，可靠性强，飞行灵活，垂直起降载动力冗余高、安全性高，适用于山地、河流、林地一些特殊地形的快速配送工作，切实解决了农村最后一公里的问题，其模型如图3-14所示。

Y-2三轴共桨六旋翼无人机具有轻小、快捷、灵活的特点，其可靠性、安全性较好，较适用于山地、林地等一些特殊地形的配送工作，可解决偏远山区最后一公里配送困难的问题，其模型如图3-15所示。

Y-3三轴共桨六旋翼无人机具有三轴共桨六旋翼结构，电动动力，具有良好的飞行稳定性和抗风性；采用外挂式载货方式，全自主定点悬停抛货，能够自主卸货并返航，可全程监控飞行状态，是目前较为先进的无人机系列，其模型如图3-16所示。

图3-14　Y-1三轴共桨　　　　图3-15　Y-2三轴共桨　　　　图3-16　Y-3三轴共桨
　　六旋翼无人机　　　　　　　　六旋翼无人机　　　　　　　　六旋翼无人机

倾转旋翼VT1无人机系京东自主研发的垂直起降固定翼系列最新产品，油电混合动力，飞行效率高，具有超长的续航能力和超大载重量。该机主要应用在偏远地区远程配送，200公里以上的飞行半径，能够为偏远地区客户送去京东优质的服务和产品，为补全京东配送网络，降低配送成本起到不可替代的作用，其模型如图3-17所示。

　　京东巡检无人机X-1能够自主起降，自动设置航线；地面可实时监控热源情况，可自动跟踪高温目标点并且显示温度；具有独特的科技感设计和较强的识别度，其模型如图3-18所示。

图3-17　倾转旋翼VT1无人机

图3-18　京东巡检无人机X-1

　　油动小壮CT120无人机燃油发动机直驱、动力足，续航达数小时，能够一键起降，有自主规划航线、地形跟随等功能，其适用不同复杂地形和高海拔地区，适用于大体积、大载重、长航时的物流配送，其模型如图3-19所示。

图3-19　油动小壮CT120无人机

3．无人车

　　无人车立足于打造京东智能物流体系中的智能运载装备，以自动驾驶核心技术为基础，根据不同场景的用户需求，研发并生产多种系列多种型号的自动驾驶无人车产品。针对物流运输和配送场景，生成自动驾驶货车和配送机器人；针对仓库、厂区、园区、社区等场景，生成安防巡检机器人；针对办公楼内场景，生成服务机器人。依托商业市场需求和用户需求，通过高效、低成本并且提升用户体验的运营模式来实现商业化运营服务。2016年9月，京东正式发布无人配送车，可以实现针对城市环境下办公楼、小区等订单集中场所进行批量送货，其出色的灵活性和便捷的使用流程将大幅提升配送效率。2017年6月，京东无人配送车已经在国内多所高校内进行常态化运营。同时，京东还在大型载货无人车等领域不断尝试，希望通过技术进步将人们从繁重的体力劳动中解放出来，并全面提升运营效率。无人车体积较小，长宽高分别为1m、0.8m、0.6m，具备6个不同大小的载货舱，可以按照既定路线自动导航行驶，并具备路径规划、智能避障、车道保持、智能跟随等功能；无人车在配送站完成商品装载，根据目的地进行自主路径规划，寻找最短路径并规避拥堵路段；在行驶过程中，遇到行人、宠物、车辆等障碍物，可以进行避障，绕路行驶，遇到十字路口，可以识别红绿灯做出相应行驶决策；自动行驶到目标建筑的指定位置后，它会通过京东App、手机短信等方式通知用户收货；用户到无人车前输入提货码就可以打开货仓，取走自己的包裹。

京东服务机器人作为服务载体，能够自动行走，自主上下楼梯，自动规划线路，自行规避障碍物，为客户提供引路服务、自助饮品、运送快递等服务，其模型如图3-20所示。

仓库巡检车库巡逻无人车具备环境监测、红外测温、异常火灾预警功能，主要应用于仓库无人巡检，实时上报巡检信息，实现智能化巡检需求，其模型如图3-21所示。

京东配送无人车主要应用于城市配送业务，从站点配送至写字楼、居民区便民店、别墅区及园区等。初期主要用于园区配送任务，现已逐步实现市区开放环境配送服务。京东配送无人车的模型如图3-22所示。

图3-20　京东服务机器人　　　图3-21　仓库巡检车库巡逻无人车　　　图3-22　京东配送无人车

4. 无人仓

京东无人仓是集成智能物流设备、实现高密度立体存储和全自动化生产的高效无人仓库，无人仓大量采用智能机器人进行多环节、全流程作业；人工智能算法指导生产，大数据与电商业务紧密结合解决商品布局问题，智能排产系统解决各生产环节匹配等问题，模块化设计解决库房柔性和扩容难题；深度探索包括机器学习、图像识别等前沿领域问题及应用。无人仓方案的落地，将显著降低仓储成本，提高仓储效率，此智能物流系统将引领电商物流行业实现全面变革与升级。京东通过智能机器人的融入改变了整个物流仓储生产模式的格局。搬运机器人、货架穿梭车、分拣机器人、堆垛机器人、六轴机器人、无人叉车等一系列物流机器人在无人仓中，组成了完整的大、中、小件商品智能物流场景。京东目前"无人仓"的存储效率是传统横梁货架存储效率的10倍以上，并联机器人拣选速度可达3600次/小时，相当于传统人工的5～6倍。Delta型分拣机器人模型如图3-23所示。

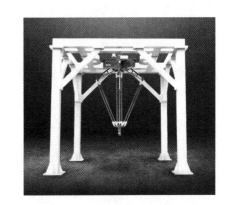

图3-23　Delta型分拣机器人

叉车T20适用于整托盘点到点搬运，也可以执行点到暂存道的搬运任务，可自主判断暂存道前方是否有托盘，其模型如图3-24所示。

六轴机器人6-AXIS由控制、驱动、机械本体等单元组成，适用于搬运、拆码垛等工作，其模型如图3-25所示。

Shuttle货架穿梭车是一款应用完全由京东自主研发的Shuttle系统的无人仓，它针对京东的物流精准、快捷等特点，从商品存储策略管理到出入库排序管理等多方面进行系统优化，配合高速分拣机器人可完成高速出库，其模型如图3-26所示。

图3-24　叉车T20　　　　图3-25　六轴机器人6-AXIS　　　　图3-26　Shuttle货架穿梭车

智能搬运机器人AGV和货到人物料搬运AGV主要适用于仓库的入库上架、拣选、合流及生产线、仓库、卖场等自主导航物料搬运场景。这些设备无须改动已有布局，人机协作场景多，其模型如图3-27、图3-28所示。

自动分拣AGV区别于传统的分拣方式，是一种新型的分拣理念，具有投资小、效率高、扩展性强、占地面积小等特点，其模型如图3-29所示。

图3-27　智能搬运机器人AGV　　图3-28　货到人物料搬运AGV　　图3-29　自动分拣AGV

✖ 任务实践活动

一、发布任务实践活动

任务要求：以小组为单位，完成如下几个任务。

1）根据材料，比较几种无人机优劣势。

2）看图，说出无人机类型。

3）根据不同的情境，选择应用不同功能的无人车。

4）说出几种物流机器人在无人仓中是如何进行运载工作的。

二、任务实践活动实施步骤

步骤1：全班分组，确定小组的名称。

全班分4组，每组选出1名小组负责人。

步骤2：分析新知材料内容，探究观察几种无人机的类型，比较它们的优劣势。

以小组为单位，通过学习材料，探究不同类型无人机适用的场景。

步骤3：小组内部，看图说名称。

通过图像记忆法，说出无人机类型。

步骤4：每一组各选一种类型的无人车，假设在不同情境下，对无人车能够设置怎样的功能。各组推荐代表上台分享。

各组制作汇报PPT，并派一名代表上台将本组查找的资料与大家分享。

步骤5：教师总结，不同类型的物流机器人在无人仓中是如何进行运载工作的。

三、任务实践活动工作页

小组根据任务要求与工作页（表3-14）提示完成任务实践活动角色分工，并按步骤实施活动，完成流程填写，最后选派一名代表进行活动结果汇报。

表3-14　任务实践活动工作页

一、人员分工	
1. 小组负责人：_____	
2. 小组成员及分工	
姓名	分工
二、陈述汇报内容	

四、任务实践活动评价

根据实践活动，完成小组自评、小组互评、教师点评，具体评价内容及标准见表3-15和表3-16。

（一）自评互评

表3-15　学生评价表

		考核点	分值（100分）	小组自评	小组互评
知识与 技能考核		Y-1/2/3三轴共桨六旋翼区别	10		
		倾转旋翼VT1适用配送地区	15		
		京东巡检无人机X-1	15		
		油动小壮CT120功能	15		
	工作任务	服务机器人功能设置	10		
		小型仓库巡检车功能设置	10		
		京东配送机器人功能设置	10		
	职业素养 考核情况	能良好地与老师同学们沟通交流	5		
		能理解新技术、新工艺	5		
		能够自主创新	5		
合计					

（二）教师评价

表3-16　教师评价表

		考核点	分值（100分）	教师评分
课堂表现		是否迟到、早退	10	
		是否用手机做与课堂无关的事	10	
知识与 技能考核		知识点掌握情况	10	
	工作任务 完成情况	服务机器人功能设置	10	
		小型仓库巡检车功能设置	15	
		京东配送机器人功能设置	15	
职业 素养考核	课前 课后	是否做好预习工作	10	
		是否能理解新发展理念	10	
		是否能够查找自身不足并改进	10	
合计				

巩固拓展

一、简答题

1. 无人车投递的优劣势分析。

2. 无人车投递应用规划重点是什么？

二、绘图题
画出无人车投递的流程图。

任务五 数字孪生技术在智慧物流仓储环节的应用

任务情境

数字化仓储建设已经成为国家基础设施建设的一项重要内容。那么，数字化仓储技术是如何通过整合资源来提高供应链上下游效率的呢？

在山东自贸试验区青岛片区的这处大宗商品数字仓库里，基本见不到理货人员的身影，整个仓库依托"数字仓库运营系统"，实现智慧化调度感知、数字存货穿透式监管、远程实时盘点看货以及智能安防预警等，仓库运营更加高效、安全。

假如你是山东（青岛）智慧产业科技有限公司仓库的一名理货人员，请你利用数字孪生技术，建立仓库的数字模型，以便达到实时检测和分析仓库的库存情况和货物流动的目的。此外，请你使用WMS对仓库进行智能化管理与优化。

知识储备

一、数字仓储技术在物流仓储中的应用案例

2023年6月以来，山东自贸试验区青岛片区对传统仓库进行了数字化升级改造。首批改造仓库面积达到8万平方米，完成数字化改造后的仓库，货物入库审核流转效率提高40%以上，提货流程平均压缩了4～5个环节，提货业务效率提高50%以上。

2023年5月23日，国内首个大宗商品数字仓库建设标准《大宗商品数字仓库建设规范》公布，为下一步大宗商品数字仓库建设推广提供了流程化、便捷化、规范化标准。

中国物流与采购联合会相关负责人表示，数字化仓储建设已经成为国家基础设施建设的一项重要内容。有关部门在标准制定和产业、税收等政策上都给予更多的支持。数字化技术助力仓储转型升级的同时，还可以完善仓储企业增值业务。

二、数字孪生在物流领域的创新应用

数字孪生是一种将物理系统与数字模型相结合的技术，它在物流网络建设中具有许多创新应用。数字孪生可以通过建立准确的物流网络模型，模拟和预测物流运输过程，为物流运输提供准确的预测能力。它能够帮助优化物流网络设计，提高物流运输效率，降低物流成本，同时还能够进行风险评估和应急响应。本书将介绍数字孪生在物流网络建设中的创新应用，包括物流网络优化、运输路径规划、货物追踪和监控、智能仓储管理等方面，以及数字孪生对物流网络建设的潜在影响和挑战。通过应用数字孪生技术，可以实现物流网络的智能化和可持续发展，为企业和消费者提供更高效、可靠的物流服务。

（一）数字孪生的概念及在物流领域的应用

数字孪生是将实体物体或系统与其数字化模型相连接的概念。通过使用传感器、物联网和数据分析等技术，实时监测和收集实体物体或系统的数据，并将其输入到数字化模型中进行仿真和分析。数字孪生模型可以准确地反映实体物体或系统的状态和行为，使用户可以在数字环境中对其进行观察、操作和优化。

（二）数字孪生在物流网络建设中的创新应用

数字孪生技术在物流网络建设中的创新应用主要体现在四个方面：物流网络优化、运输路径规划、货物追踪和监控，以及智能仓储管理。供应链管理、货物追踪和监控、预测和决策支持以及售后服务优化，以下具体介绍这些方面的应用，并阐述如何建立数学模型和使用相应软件，通过数字孪生的应用，企业可以提高物流效率、优化供应链管理、提供准确的货物追踪和实时决策支持，从而提升企业的竞争力和客户满意度。

1. 物流网络优化

数字孪生技术可以建立物流网络的数字模型，实时监测和分析各个节点和环节的运行情况。通过收集和整理相关数据，可以建立数学模型，对物流网络进行优化。这包括对仓库布局、运输路线和运输资源的分配等方面进行优化。例如，可以使用线性规划模型来确定最佳的仓库布局和运输路径，以最小化成本和最大化效率。在建立数学模型方面，可以使用一些数学建模软件，如MATLAB、Python等。这些软件提供了强大的数学建模和优化功能，可以帮助企业将实际物流网络转化为数学模型，并进行优化。

2．运输路径规划

数字孪生技术可以实时监测货物的位置和状态，通过对相关数据的分析，可以进行运输路径规划。基于货物的目的地、交通状况和运输资源的可用性等因素，可以使用数学模型来确定最佳的运输路径。例如，可以使用最短路径算法来找到从起始点到目的地的最短路径，以减少运输时间和成本。在运输路径规划方面，可以使用一些路径规划软件，如GoogleMaps、ArcGIS等。这些软件提供了强大的路径规划和导航功能，可以帮助企业优化运输路径。

3．货物追踪和监控

企业使用数字孪生技术可以通过传感器和物联网设备实时监测货物的位置、温度、湿度等信息。通过将这些数据与数字模型进行对比和分析，可以实现货物的追踪和监控。基于货物的实时位置和状态，可以采取相应的措施，如调整运输路线、货物保护措施等。在货物追踪和监控方面，可以使用一些物流跟踪软件，如TMS（Transportation Management System）等。这些软件提供了实时监测和追踪货物的功能，可以帮助企业提高货物的安全性和可追溯性。

4．智能仓储管理

数字孪生技术可以通过建立仓库的数字模型，实时监测和分析仓库的库存情况、货物流动等信息。通过将这些数据与数字模型进行对比和分析，可以实现智能仓储管理。例如，可以通过模拟和优化仓库的布局和货物存放方式，提高仓库的利用率和工作效率。在智能仓储管理方面，可以使用一些仓储管理软件，如WMS（Warehouse Management System）等。这些软件提供了仓库管理和优化的功能，可以帮助企业实现智能仓储管理。

三、数字孪生技术

在数字化浪潮下，科技以前所未有的速度改变着我们的生活和工作方式。其中，数字孪生技术是一项引领科技创新的关键技术，旨在将实体物体与数字虚拟世界相结合，实现高度精确的建模、实时监控、智能优化和数据驱动决策，这个新兴领域正在不断演化，为各行各业带来前所未有的机遇和挑战。数字孪生技术使虚拟和现实世界的完美融合成为可能，数字孪生本质上是生成一个高度精确的虚拟副本，能够实时反映与其对应的物理实体的状态、性能和行为，其模型不仅加深了人们对物理实体的理解，还提供了用于优化系统、提前发现问题并做出明智决策的强大工具，如今它已经延伸至制造、医疗保健、城市规划、交通管理、军事应用等更多领域。数字孪生模型的构建需要大量传感器、物联网设备并进行大数据分析和高性能计算，这些技术的融合使其成为当今科技发展的前沿，其技术的核心思想是将物理实体与数字模型相结合，构建一个"孪生"系统，以更好地理解、监控和控制物理实体。首先通过配备的各种传感器以获取温度、湿度、压力、位置等数据，这些数据通过物联网传输到云服务器或本地计算机；其次使用数学建模和仿真技术，根据实体的特征和工作原理创建数字孪生模型，可能包括物理模型、统计模型、机器学习模型等，这取决于模拟的对象和目标；最后利用大数据分析和机器学习算法，从庞大的数据集中提取模式和知识，对问题进行预测并提出改进决策。

四、基于数字孪生技术的物流园区仿真系统

基于数字孪生技术的物流园区仿真系统（其模型如图3-30所示）融合了数字孪生仿真决策一体化技术，旨在为园区的运营人员提供辅助决策支持，以实现仓储园区的智能管理与降本增效，该系统具体可以为园区管理者提供物流园区系统性能分析、瓶颈分析、运行智能决策等功能。

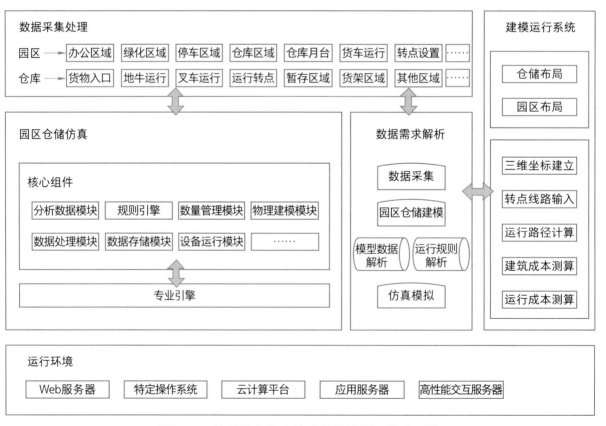

图3-30　基于数字孪生技术的物流园区仿真系统

基于Net框架，通过离散事件仿真方法，构建出针对物流园区和仓储系统的数字孪生仿

真引擎，对物流园区与仓储系统中的"人、货、车、物"的运行细节进行推演模拟，具体如图3-31所示。

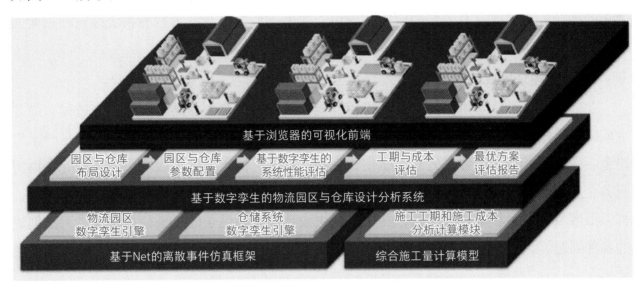

图3-31　数字孪生模拟物流园区与仓储系统

下面，以中通为例，阐述数字孪生在中通企业中的应用案例。

（一）中通基于数字孪生技术的智慧物流园区需求分析

随着生产设备的小型化和智能化，快递企业将很有可能更快地进入空间地理信息数据生产领域，可以说只要有小包裹流动的地方，就会有时空数据服务的需求。而数字孪生技术就是通过在网络空间构建一个与物理世界相匹配的孪生城市（园区），以数字为基础，对城市（园区）治理进行运营、决策。

1．海量快递业务处理的需要

随着经济社会的飞速发展，人们对于快递物流的需求越来越强烈。2019年，快递业务量达到635.2亿件，营业规模达到7497.8亿元。2020年1月—7月，快递业务量完成408.2亿件，超过2017年全年业务量400.6亿件。快递物流企业面临着前所未有的机遇和挑战。

中通快递2020年第二季度市场占有率已达21.5%，连续5年处于行业领先地位，日均处理量已超5000万件。截至2020年6月月底，中通快递在全国遍布91个分拣中心，全国营业网点接近30000个，从业人数超过40万。如何让大量的人员从劳动密集型工作中解放出来，进而转向技术密集型工作中，采用自动化、智能化、可视化的园区管理方式势在必行。

2．智慧园区管理的需要

如何实现分拣中心园区内资源的最优配置，对园区内车辆、人员、资产实现自知自愈的智慧调度运行，园区内设备如何进行预测性维护，如何实现自动化、智能化、可视化的园区管理，这些问题是建设园区智慧系统，推进物流互联网变革所面对的主要挑战。

数字孪生技术提供了非常重要的资源管理及能效优化的决策依据，基于数字孪生技术在智慧园区管理平台内建立的各子系统算法模型，并通过各种复杂场景的沙盘推演实现最优化的能源配置方案，有效帮助园区实现用能效率的最大提升，为智慧物流建设开启面向未来智慧管理的创新模式。

3．业务模块集成的需要

业务集成是数字孪生价值创新的纽带，能够打通产品全生命周期、生产全过程、商业全流程的价值链条。如今，中通快递已不是一个单纯"寄存取"的快递公司，而是一家集快递、快运、跨境、商业、云仓、航空、金融、智能、传媒等生态版块于一体的综合物流服务企业。数字孪生技术可通过设计适当的接口，连接不同的系统，如后端的业务应用，可以很容易地与各模块进行交互，并可对模块设计询问假设条件，来模拟现实中无法创建的各种问题。

（二）中通基于"数字孪生"的智慧物流园区应用

目前，中通快递已完成了上海总部园区的实景三维模型，通过接入园区内在线传感器，根据现有园区各功能区的区位布局，基于此三维模型开展园区内生产规划、调度运行和维护管理的全过程应用，从而实现园区内人、车、物在精准运行、资源优化和配置服务中的全过程精益化管理。

1．基于三维实景的可视化仿真管理

通过对中通总部园区进行三维实景模型创建，可以从宏观角度查看基于三维场景下的园区地图，进行生产布局设计、区位规划和资源统筹。同时，通过接入园区内摄像头等传感器，实现了对出入车辆、生产区、服务区、生活区的无死角监控，了解当前区域资源利用情况，分拣区仓库、分拣设备还剩下多少空间可利用，是否有货件积压或空间空置等情况，从而实现资源的充分利用，提升设备利用效率。另外，三维模型导航比二维电子地图导航多出其他高阶属性，比如楼层高度、楼层层数、每层楼层部门分布等。在大型场景、复杂的户型的情况下，需更加全面、精细的信息和直观的画面才能快速导航，使用户准确无误到达目的地。中通园区主要划分为操作区、生活区、办公区。其中，办公区域分布较为零散，主要分布在东西两侧，每栋楼每层楼又分布着不同职能部门，为园区人员和车辆提供导航指引作用。

2．总部园区空间区位布局优化

园区的区域空间是有限的，如何最大限度地利用园区的空间资源，需要在三维模型成果的基础上开展量算，从而根据分拣设备的大小、物流车辆的长度、仓库的大小进行设备的布局和规划设计。准确标识园区内的道路、运转、分拣场地的位置和容量，为货运车辆

在运转、分拣时提供调度优化服务，更精细化地节能降耗，全面提升货运效率。

3．生产作业区无死角监控

基于三维实景模型、地理信息系统、各类传感器，包括园区内建构筑物（如分拣中心、中转站）、机动目标、管线设施等园区基础信息，全方位汇集呈现于系统之上。

例如包括园区门卫、医疗、道路、车辆、人员等方面数据融合呈现，园区分拣中心、办公中心等的地标点数据展现，机动目标实时位置数据展现等，将一个完整、鲜活的园区全景呈现于系统之上。有利于对园区内的人、车、物的工作活动和资源配置进行合理化分配。

4．基于三维模型的资产管理

随着物流企业规模的不断扩大，企业的资产管理必须提升到基于地图的动态管理模式上来。现有的很多企业，尤其是规模体量十分庞大的企业，大到厂房、分拣设备，小到计算机、桌椅板凳等固定资产，仅是处于登记阶段，对于设备的流动性等缺乏一个很好的追溯系统。

而基于地图的物流快递企业资产管理是实现三维空间管理的基础，能够为企业对固定资产的利用状态、流转状态、所在位置等方面提供全生命周期的追溯和管理。

5．基于三维模型的园区盲区预警

基于物流园区的三维场景，结合道路实况，为货运车辆在进行运转、分拣时提供盲区预警、安全提醒等功能。全面提升货运安全等级，确保物流车辆在运转、分拣时的安全性，防止因盲区存在导致的安全事故发生。

6．无人机飞行器安全电子围栏

2020年6月，中通快递在上海总部已开展基于无人机的产、学、研一体化创业基地建设，目前已取得了民航颁发的无人机运营许可证，正逐步扩大物流无人机运营许可资质地域范围。那么对于无人机的飞行来说，安全问题一直以来都是备受关注的，也是制约无人机广泛应用的因素之一。

而基于训练场地的三维实景模型，将飞行高度、训练场的建筑物高度、飞行区域范围，通过设置安全电子围栏，确保了学员在飞行过程中的安全。

7．多源数据互联互通

基于三维模型的地图可视化呈现开展数字孪生的应用还远远不够，通过业务需求的不断深入了解，我们还将不同平台数据、不同业务数据融会贯通，综合汇集于三维模型之上，以全方位掌控园区态势，包括道路信息、物流车辆信息、调度月台数据、分拣设备数据等多领域数据，集成地理信息、GNSS数据、统计数据、园区视频数据多类型数据的融合，实现互联互通。

（三）中通快递与地理信息跨界融合发展

1．物流与地理信息融合

中通快递已陆续与测绘地理信息产业上游、中游、下游企业建立联系，加快推进测绘地理信息数据从获取到应用的产业融合，探索研究泛在测绘的业务发展新模式，形成涵盖测绘地理信息获取、处理、分析和应用的完整产业链，为迎接物流快递业务的快速发展构建基础设施，为国家"新基建"战略思路下的时空信息建设做好保障，为"实景三维中国""自动驾驶""数字城市"等应用体系提供有力的基础服务支撑。中通快递地理信息产业链如图3-32所示。

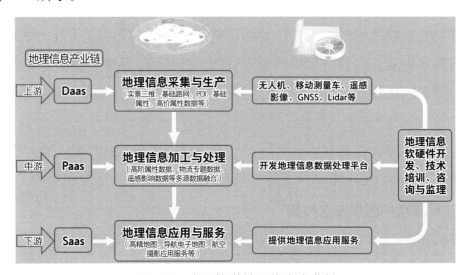

图3-32　中通快递地理信息产业链

2．基于数字孪生技术时空信息的全产业链发展

依托中通快递集团的资本实力和先进的物流快递全产业链技术优势，积极抓住"智慧物流""大数据""人工智能""无人驾驶"等产业爆发的市场机会，致力于打造以无人机、无人车、物流末端配送为主体，运用新科技、投入新装备、发展新业务，构建基于无人机、测绘地理信息、人工智能、无人驾驶等产业链，打造科技引领、行业领先的商业价值，为中通集团实现从"大"向"大而强"高质量发展，努力成为行业系统解决方案提供商。

3．物流园区仓储规划仿真系统

（1）物流园区仓储规划仿真系统的功能。物流园区仓储规划仿真系统具有以下六方面的功能：

1）实现物流园区基础数字建模可视化功能。

2）实现物流货物仓储的最佳规划及存储布局三维可视化。对货车出入园区的接驳疏导业务进行仿真优化，可分析至少两个物流园区的布局以及至少两个仓库的布局；物流园区与仓库以2D/3D的形式呈现。

3）实现对拟开展的业务进行全场景数据可视化模型仿真，提供关键业务流程与人员配置数据预测。

4）根据园区初期的规划数据，对物流园区建设施工量和建设成本进行仿真测算。

5）实现对现实物流业务场景图像和视频的2D/3D转化。

6）可对系统基础数据进行增删改查。

（2）物流园区仓储规划仿真系统的应用操作。基于以上特点，物流园区仓储规划仿真系统在应用操作方面的内容主要有标准表格导入、业务层运行记录表信息导入、动态数据导入、运行计算（提交成功）等，具体如图3-33所示。

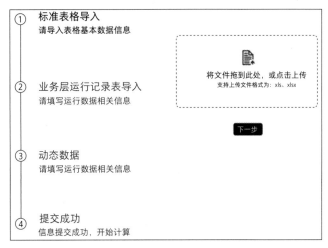

图3-33　物流园区仓储规划仿真系统操作

其具体操作如下：

1）登录后导入标准数据。如果输入的账号和密码正确，登录之后系统将自动跳转到数据导入界面，即可开始导入系统标准数据。导入动态数据信息界面如图3-34所示。

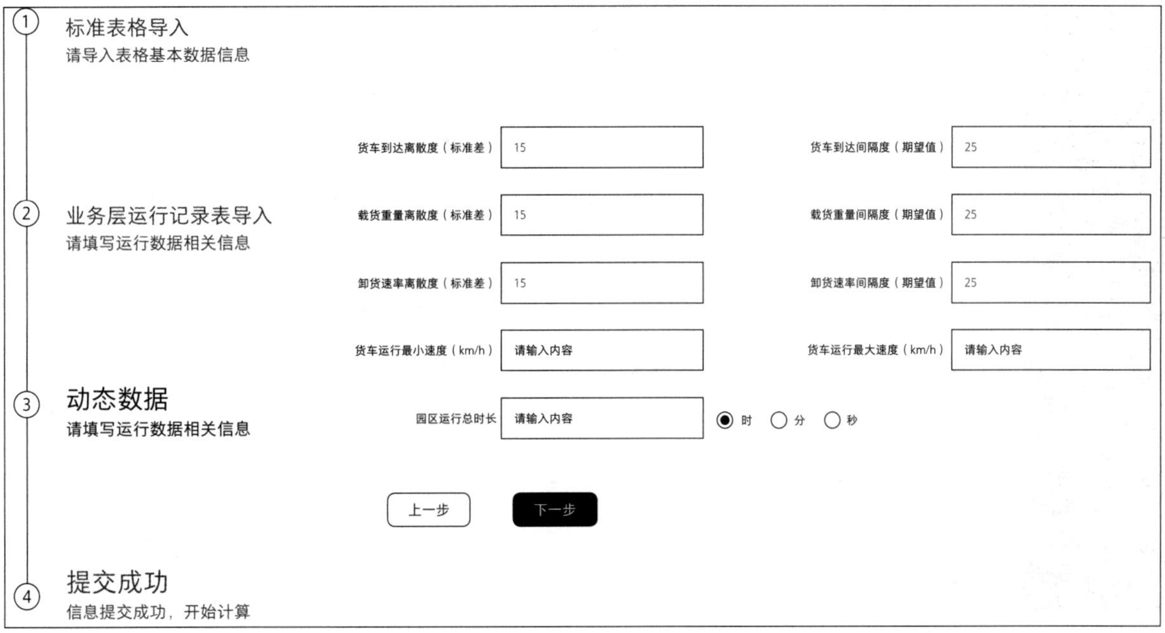

图3-34　导入动态数据信息界面

2）运行导入数据。在园区仿真系统的业务层数据对接部分，用户可以自行填写物流园区的相关运行数据等，以便更准确地模拟实际场景。运行导入数据界面如图3-35所示。

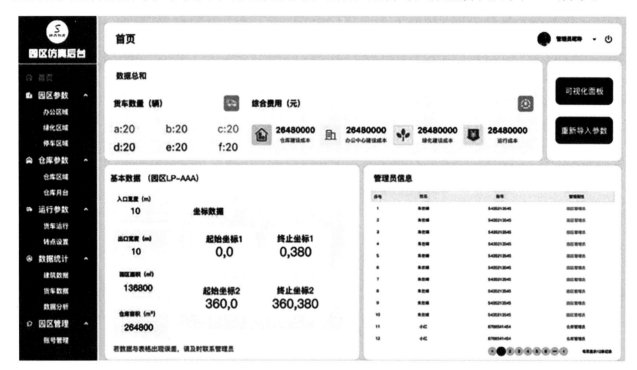

图3-35　运行导入数据界面

3）园区仿真数据统计。仿真数据是通过系统对建模数据进行解析和运行得到的，包括园区的建设成本、运行成本、占地面积、运作数据、管理员信息等。仿真数据统计界面如图3-36所示。

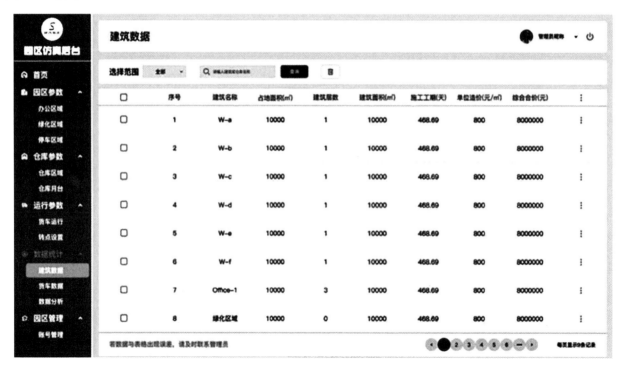

图3-36　仿真数据统计界面

4）仿真结果展示。系统会自动进行物流园区数据的仿真分析、计算，并在页面上显示计算结果。

基于数字孪生技术的物流园区仿真系统契合数字化仓储的发展方向，基于数字孪生、仿真模拟、人工智能和数据分析手段，有效解决了相关痛难点问题，旨在为物流园区的规划和运营提供全方位、多维度的支持。

该系统通过对物流园区的多个方面进行模拟和分析，可实现物流场景展示、资源调配、运营监控等多种功能，有效提升园区的运营效率和服务质量。同时，其智能化和自适应能力将使其成为与未来物流发展趋势相适应的重要工具，是现代物流园区不可或缺的战略性工具之一。

任务实践活动

一、发布任务实践活动

任务要求：

以小组为单位，完成如下任务实践活动：

1）通过头脑风暴法，小组扫码观看"数字孪生仓储"视频，并进行充分讨论，写出数字孪生技术在智能仓储管理中有哪些创新应用，以及数字孪生对物流网络建设的潜在影响和挑战。

2）查阅资料，了解数字孪生的概念，明白数字孪生技术在物流领域的应用。

3）通过案例分析，从物流网络优化、运输路径规划、货物追踪和监控、智能仓储管理等方面说一说数字孪生在物流网络建设中都有哪些创新应用。

二、任务实践活动实施步骤

步骤1：全班分组，选定经理人。

全班分4组，每组选出1名经理人进行发言，并负责最终幻灯片总结性内容的讲解。

步骤2：观看视频，探究数字孪生技术智能仓储管理的创新应用。

以项目组为单位，通过学习案例，探究数字孪生技术在物流网络建设的潜在影响和挑战。

步骤3：查阅资料，了解数字孪生的概念。

阅读已知案例，同时上网查找相关材料，了解数字孪生的概念，以及明白数字孪生技术在物流领域的应用。

步骤4：各组推荐代表上台分享。

各组制作汇报PPT，并派一名代表上台将本组查找的资料与大家分享。

三、任务实践活动工作页

根据任务实践活动步骤，按任务开展需要，进行小组成员角色分工，并完成以下工作页（表3-17）的填写。

表3-17　任务实践活动工作页

一、人员分工
1. 小组负责人：＿＿＿＿＿＿＿

2. 小组成员及分工

姓名	分工

二、陈述汇报内容

1. 数字孪生技术在智能仓储管理有哪些创新应用，以及数字孪生对物流网络建设的潜在影响和挑战。

2. 查阅资料，了解数字孪生的概念，明白数字孪生技术在物流领域的应用。

3. 通过案例分析，说一说数字孪生在物流网络建设中都有哪些创新应用（从物流网络优化、运输路径规划、货物追踪和监控、智能仓储管理等方面入手）。

四、任务实践活动评价

根据实践活动，完成小组自评、小组互评、教师点评，具体评价内容及标准见表3-18和表3-19。

（一）自评互评

表3-18　学生评价表

	考核点		分值（100分）	小组自评	小组互评
知识与技能考核	数字孪生的概念		10		
	数字孪生技术		15		
	数字孪生技术在智能仓储中的创新应用		15		
	离散事件仿真技术		15		
	物流园区仿真系统		15		
	工作任务	观看视频"数字孪生仓储"	5		
		查阅数字孪生相关资料	5		
		举例阐述数字孪生技术的原理	5		
	职业素养考核情况	能良好地与老师同学们沟通交流	5		
		能理解新工艺、新技术	5		
		能够查找自身不足并改进	5		
合计					

（二）教师评价

表3-19　教师评价表

		考核点	分值（100分）	教师评分
课堂表现		是否迟到、早退	10	
		是否用手机做与课堂无关的事	10	
知识与 技能考核		知识点掌握情况	10	
	工作任务 完成情况	观看视频"数字孪生仓储"	15	
		查阅数字孪生相关资料	15	
		举例阐述数字孪生技术的原理	10	
职业 素养考核	课前 课后	是否做好预习工作	10	
		能理解新工艺、新技术	10	
		是否能够查找自身不足并改进	10	
合计				

巩固拓展

一、单选题

1. 数字孪生技术在工业制造中的应用领域包括（　　　）。

　　A. 医疗设备　　　　B. 音乐创作　　　　C. 社交媒体　　　　D. 供应链管理

2. 数字孪生技术可以在以下（　　　）阶段实现产品性能的模拟。

　　A. 产品设计阶段　　　　　　　　B. 原材料采购阶段

　　C. 产品销售阶段　　　　　　　　D. 产品报废阶段

3. 数字孪生（Digital Twin）的核心理念是创建一个（　　　）。

　　A. 虚拟世界中的实体复制品　　　B. 实体产品的真实尺寸模型

　　C. 与实体产品无关的虚拟环境　　D. 物理设备的静态设计图样

二、简答题

1. 什么是物流仓储数字孪生?

2. 物流仓储数字孪生的应用场景有哪些?

3. 物流仓储数字孪生的优势是什么？

4. 物流仓储数字孪生的未来发展方向是什么？

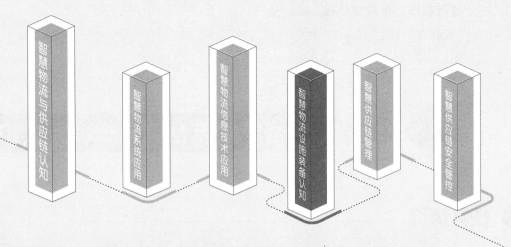

项目四
智慧物流设施装备认知

项目简介

在本项目中，将智慧物流设施装备的基本认知分为 3 个任务，分别是智慧物流仓储设施装备认知、智慧物流运输设施装备认知以及智慧物流配送设施装备认知。智慧物流设施装备是指进行各项智慧物流活动和物流作业所需求的装备与设施的总称。它既包括各种机械设备、器具等，也包括运输通道、货运站场和仓库等基础设施。智慧物流设施装备是组织物流活动和物流作业的物质技术基础，是物流服务水平的重要体现。

学习目标

📖 知识目标

- 正确识别智慧物流设施装备。
- 掌握智慧物流设施装备的作用。

🅖 技能目标

- 能根据不同的货物特征选择合适的智慧物流仓储设施装备。
- 能掌握使用智慧物流设施装备。

📋 素养目标

- 培养求真务实、细致认真的工作态度与职业道德和职业素养。
- 贯彻新发展理念，着力推进物流行业高质量发展。

建议学时

本项目建议学时为 12 个学时。

任务一　智慧物流仓储设施装备认知

任务情境

小明应聘了某大型物流公司仓管部门的仓管员，为了尽快适应新工作，小明了解到仓管员的工作职责是需要在智慧物流仓储负责仓库理货、分货、拣货、装卸、搬运和货位管理工作，负责协助仓储主管进行仓库货物配送工作。除此之外，他还认真学习了智慧物流仓储设施装备的使用。

知识储备

仓储设备是指能够满足存储和保管物品需要的技术装置及机具。

常见的智慧物流仓储设施装备有以下几种：

1）存储设备典型代表是自动化立体仓库。

2）搬运典型设备有AGV、类Kiva机器人、穿梭车、无人叉车等。

3）拣选典型设备有机械臂、自动分拣系统等。

4）包装典型设备有自动称重复核机、自动包装机、自动贴标机等。

智慧物流仓储
设施装备

一、自动化立体仓库

自动化立体仓库系统AS/RS，是利用自动化存储设备同计算机管理系统的协作来实现立体仓库的高层合理化、存取自动化，以及操作简便化，如图4-1所示。

图4-1　自动化立体仓库

自动化立体仓库主要由货架、巷道式堆垛起重机（堆垛机）、入（出）库工作站台、调度控制系统以及管理系统组成。

AS/RS货架系统自动化及信息化程度高，叉车通道窄，堆高机由计算器终端自动控制运作，配合全自动堆垛机，将托盘存库及出库。配合WMS仓库管理软件仓库内基本不需要人工操作。

自动化立体仓储系统采用集成化物流管理计算机控制系统，WMS可以与ERP系统进行信息交换，功能齐全，性能可靠，自动化立体仓库系统在各行各业的仓库和配送中心发挥着越来越重要的作用。

二、AGV

AGV是自动导引车Automated Guided Vehicle的缩写，是指具有磁条、轨道或者激光等自动导引设备，沿规划好的路径行驶，以电池为动力，并且装备安全保护以及各种辅助机构（例如移载、装配机构）的无人驾驶的自动化车辆，如图4-2所示。

a）　　　　　　　　　　　　　　　　b）

图4-2　AGV

AGV已经形成系列化产品，该产品的主要特点为：自动化程度高，系统运行稳定可靠、运行灵活，可更改路径；高速无线通信及高精度导航系统；完善的自诊断系统；快速自动充电系统；与上级信息管理系统衔接。

三、智能穿梭车

智能穿梭车是一种智能搬运设备，可以编程实现取货、运送、放置等任务，并可与上位机或WMS进行通信，结合RFID、条码识别等技术，实现自动化识别、存取等功能，通过穿梭车与提升机的配合完成货物出入库。智能穿梭车的核心在于通过货位分配优化算法和小车调度算法的设计，均衡各巷道之间以及单个巷道内各层之间的任务量，提高设备的并行工作时间，以发挥设备的最高工作效率。智能穿梭车如图4-3所示。

a ）　　　　　　　　　　　　　　　　b ）

图4-3　智能穿梭车

四、机器人

在未来，机器人将取代人工成为主角，如码垛机器人、拣选机器人、包装机器人等，以最高的效率、昼夜不歇地在仓库内作业，完成货物搬运、拣选、包装等作业。

1. 码垛机器人

码垛机器人是机械与计算机程序有机结合的产物，节省了劳动力和空间，它运作灵活精准、快速高效、稳定性高，作业效率高。码垛机器人在码垛行业有着相当广泛的应用，为现代生产提供了更高的生产效率，如图4-4所示。

a ）　　　　　　　　　　　　　　　　b ）

图4-4　码垛机器人

2. 包装机器人

包装机器人是指包装作业中结合先进的工控技术、融合机电一体化，为产品包装提供从自动开箱—自动套膜—自动装箱—在线称重—自动贴标—自动封箱—自动打包捆扎等自动化作业的无人化、智能化包装设备。应用智能包装机械能够有效提高工作效率，提升包装品质，降低用人成本，优化工作环境。包装机器人如图4-5所示。

a）　　　　　　　　　　　　　　　b）

图4-5　包装机器人

五、RF手持终端

Radio Frequency即射频，通常缩写为RF。

本书里的RF指的是RF手持终端，即利用无线射频技术完成数据采集、传输等功能的便于携带的数据处理终端。RF手持终端如图4-6所示。

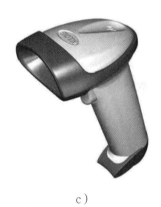

a）　　　　　　　　　　b）　　　　　　　　　　c）

图4-6　RF手持终端

六、电子标签辅助拣货系统

电子标签辅助拣货系统是通过一组安装在货架储位上的电子标签作为拣货指示装置，引导拣货人员准确、快速、轻松地完成拣货作业的一种人机交互系统。

1. 摘果式电子标签拣货系统（DPS）

摘果式电子标签拣货系统（如图4-7所示）是指为每一种货物安装一个电子标签，控制计算机以订单为单位进行拣货信息处理，根据订单所需货物的位置发出拣货指示，电子标签指示灯亮起，拣货人员根据电子标签所显示的数量完成以"件"或"箱"为单位的拣货作业。

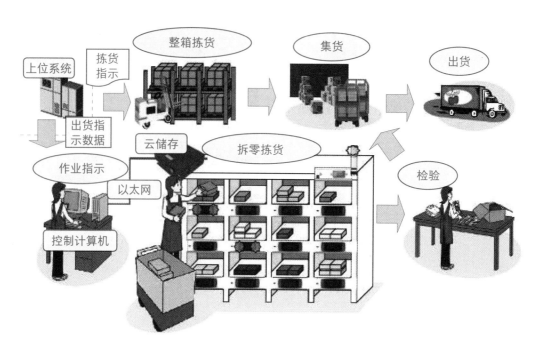

图4-7　摘果式电子标签拣货系统

2. 播种式电子标签拣货系统（DAS）

播种式电子标签拣货系统（如图4-8所示）是指该系统中每个储位代表一个客户，在每个储位上都设置电子标签。拣货人员先通过条码扫描器把要分拣的货物信息输入系统，需要该货品的客户的相应分货位置的电子标签就会亮起并发出蜂鸣声，同时显示出该位置所需要货物的数量；拣货人员根据信息快速地将货物分放在相应的客户分货位置。

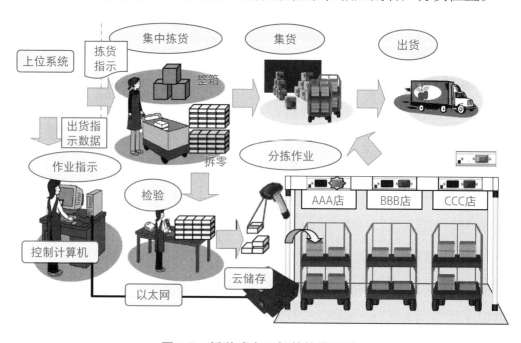

图4-8　播种式电子标签拣货系统

✖ 任务实践活动

一、发布任务实践活动

（一）任务内容

某公司的仓管员小明想要尽快适应新工作，请你帮助小明认识智慧物流仓储设施装备并了解它们的用途。

（二）任务要求

1）利用仓储管理软件系统，结合所学的设施装备，完成出库作业。

2）每4个同学为一组，分工合作，团队协助，注意操作的规范性和人身安全。

3）派一个小组代表实操总结，分享学习收获。

二、任务实践活动实施步骤

步骤1：领取手推车，如图4-9所示。

图4-9　手推车

步骤2：领取物流箱，如图4-10所示。

图4-10　物流箱

步骤3：到指定DPS拣货区，如图4-11所示。

图4-11　DPS拣货区

步骤4：在电子标签辅助拣货货架"看、拣、按"。

在电子标签辅助拣货货架前察看数量；

在电子标签辅助拣货货架前拣货品，如图4-12所示；

按灭电子标签辅助拣货货架，如图4-13所示。

图4-12　拣货品

图4-13　按灭开关

步骤5：打包。

将拣完的货品装入纸箱中，利用打包机打包，如图4-14所示。

步骤6：设备归位。

将手推车设备归位，如图4-15所示。

图4-14　打包

图4-15　设备归位

三、任务实践活动工作页

结合本节课的任务制订计划，并完成"智慧物流仓储设施装备"工作计划表的填写，见表4-1。

表4-1　"智慧物流仓储设施装备"工作计划

一、人员分工
1. 小组负责人：_____
2. 小组成员及分工

姓名	分工

二、利用电子标签辅助拣货系统完成出库任务

四、任务实践活动评价

根据实践活动，完成小组自评、小组互评和教师点评，具体评价内容及标准见表4-2和表4-3。

（一）自评互评

表4-2　学生评价表

	考核点		分值（100分）	小组自评	小组互评
知识与技能考核	领取设备		10		
	拿取周转箱		15		
	搬运货物		15		
	电子标签辅助拣货		15		
	打包		15		
	工作任务	系统操作	5		
		电子标签辅助拣货	5		
		设备归位	5		
	职业素养考核情况	能良好地与老师同学们沟通交流	5		
		能理解新发展理念	5		
		能够查找自身不足并改进	5		
合计					

（二）教师评价

表4-3　教师评价表

		考核点		分值（100分）	教师评分
课堂表现		是否迟到、早退		10	
		是否用手机做与课堂无关的事		10	
知识与技能考核		知识点掌握情况		10	
	工作任务完成情况	系统操作		15	
		电子标签辅助拣货		15	
		设备归位		10	
职业素养考核	课前课后	是否做好预习工作		10	
		是否能理解新发展理念		10	
		是否能够查找自身不足并改进		10	
合计					

巩固拓展

一、填空题

1. 电子标签辅助系统有＿＿＿＿、＿＿＿＿。

2. 常见的智能搬运典型设备有＿＿＿＿、＿＿＿＿、＿＿＿＿。

二、简答题

1. 智慧仓储设备主要有哪些?

2. 某传统大型物流企业拥有大量仓储设施，但基本上以传统仓储形式存在，机械化、自动化程度还不够高，随着智慧物流时代的到来，该企业打算向智慧仓储转型发展，请讨论、思考其转型发展的战略规划及实现步骤。

任务二　智慧物流运输设施装备认知

任务情境

小明在某大型物流公司已经学习了智慧物流运输，负责仓库理货、分货、拣货、装卸、搬运和货位管理工作，现在还需要认真学习智慧物流运输设施装备的使用，为后续的工作打下扎实的基础。

知识储备

运输设备是货物从某地运往其他地区的载体，是运输的工具。

常见的智慧物流运输设施装备有无人驾驶集装箱运输车、智能运输车等。

智慧物流运输
设施装备

一、无人驾驶集装箱运输车

无人驾驶集装箱运输车（AI Guided Transporter，AIGT）由车架总成、柜体总成、底盘总成、电器总成、动力系统、外饰总成六个系统组成，额定载荷65t，最大速度为35.6km/h，自重20t，由全锂电池提供动力，定位精度±30mm，如图4-16所示。

图4-16　无人驾驶集装箱运输车

山东港口装备集团联合上海西井科技，在青岛港大力支持下，研制而成无人驾驶集装箱运输车，为青岛港自动化码头空轨项目创新打造，融入了全新智能化导航定位、人工智能、视觉识别、自学习等先进技术。

二、智能无人运输车

智能物流车是指基于物联网、云计算、大数据等技术的智能化运输车辆，为物流行业提供更加高效、可靠、安全的运输服务。智能物流车具有自主导航、自动化装卸、智能监测等功能，能够实现全天候、全程无人驾驶运输，如图4-17所示。

图4-17　氢动智能无人运输车

氢动智能无人运输车作为一种可实现自动驾驶的集装箱运输系统，其搭载氢燃料电池系统作为动力源，根据行驶里程可量身配置储氢罐数量，一次充满氢气拥有超过1000km的续航里程，运行中只会排放干净的水，实现了真正的"零碳排放"。不仅如此，氢动智能无人运输车可实现完全独立的四轮转向，即使体型巨大，也可在港口和狭窄的城市道路灵活行驶。与此同时，其搭载了大量高精度传感器和V2X智能车联网科技，可智能判定行驶路线与实际路况，安全高效地自主完成长距离物流运输作业。

✖ 任务实践活动

一、发布任务实践活动

（一）任务内容

某公司的仓管员小明想要尽快适应新工作，请你帮助小明认识智慧物流运输设施装备并了解它们的用途。

（二）任务要求

1）以小组为单位进行网络搜索和查找。

2）把搜索到的资料做成PPT，要求图文并茂、语言清晰。

3）每组派一个代表展示小组作品，并且选出最佳作品。

（三）分析任务

结合实际任务内容，描述出本节课的操作任务：

_____

_____

_____

二、任务实践活动实施步骤

（一）案例分析

东风公司、中远海运、中国移动正式发布"5G智能港口全场景示范应用"。"智慧港2.0"正式发布，智慧港投入商业运营。据了解，"智慧港口2.0"是在"5G全场景智慧港口"的基础上，结合码头规模化商业运营的需求，推动包括5G高、中、低频立体组网、无人开放场景混合作业、北斗高精度定位与多传感器融合、基于5G的港口机器远程控制改造等关键技术的系统化完善，实现智慧港口的商业化运营。

东风商用车为厦门远海码头提供了更可靠、更智能的无人智慧物流整体解决方案。结合北斗的高精度定位能力，在业内率先推出"无极星港集装箱卡"，成为国内首个在5G智慧港口实现商业运营的智能交通设备。据了解，无极星港集装箱卡车是国内首款无驾驶舱无人驾驶集装箱卡车，可实现主动环境感知、自我定位、自主智能控制、远程控制、远程通信五大功能，其配备的5G T-BOX可实现特殊工况下的5G远程驾驶，实现车辆远程监控和智能管理，有助于降低运营成本，提升"智慧港口2.0"的运营效率。

值得一提的是，中国智能交通产业联盟近期正式发布了一项重要标准：《港口无人集装箱车技术要求》。这一标准是由三方共同制定的，它不仅填补了港口无人集装箱车国家标准的空白，还标志着中国在智慧港口建设领域取得了重要进展。

请回答以下问题：

1）无人驾驶集装箱运输车的特点是什么？

2）无人驾驶集装箱运输车的应用前景如何？

3）无人驾驶集装箱运输车的发展趋势是怎样的？

（二）安全注意事项

结合本节课的任务，写出需要注意的安全事项：

_____

_____

三、任务实践活动工作页

结合本节课的任务，制订计划，并完成"智慧物流运输设施装备"工作计划表的填写，具体见表4-4。

表4-4　"智慧物流运输设施装备"工作计划

一、人员分工

1. 小组负责人：_____

2. 小组成员及分工

姓名	分工

二、分组进行案例分析并上台展示

1. 无人驾驶集装箱运输车的特点

2. 无人驾驶集装箱运输车的应用前景

3. 无人驾驶集装箱运输车的发展趋势

四、任务实践活动评价

根据实践活动开展评价，完成小组自评、小组互评和教师点评，具体评价内容及标准见表4-5和表4-6。

（一）自评互评

表4-5　学生评价表

		考核点	分值（100分）	小组自评	小组互评
知识与技能考核		无人驾驶集装箱运输车的特点	15		
		无人驾驶集装箱运输车的应用前景	15		
		无人驾驶集装箱运输车的发展趋势	15		
		运用理论信息基础	15		
	工作任务	提炼信息	15		
		分析信息	10		
	职业素养考核情况	能良好地与老师同学们沟通交流	5		
		能理解新发展理念	5		
		能够查找自身不足并改进	5		
合计					

（二）教师评价

表4-6　教师评价表

	考核点		分值（100分）	教师评分
课堂表现	是否迟到、早退		10	
	是否用手机做与课堂无关的事		10	
知识与技能考核	知识点掌握情况		10	
	工作任务完成情况	提炼信息	15	
		分析信息	15	
		判断信息	10	
职业素养考核	课前课后	是否做好预习工作	10	
		是否能理解新发展理念	10	
		是否能够查找自身不足并改进	10	
合计				

巩固拓展

一、根据货物来选择船舶，请连线

货物类型	船舶类型
集装箱	杂货船
矿砂	散货船
载货汽车	液货船
箱装货物	集装箱船
冰鲜鸡肉	滚装船
驳船	冷藏船
原油	载驳船

二、请根据货物种类选用铁路车辆模型，并完成下面填空题

货物种类	车辆
矿石	
260t长钢轨	
农药	
冰鲜鱼	
汽油	

（续）

货物种类	车辆
贵重仪器	
钢材	
活牛	

三、论述题

在日新月异的今天，智能设备对物流行业有怎样的影响？

▶ 任务三　智慧物流配送设施装备认知

🔅 任务情境

小明在某大型物流公司已经学习了智慧物流运输，负责仓库理货、分货、拣货、装卸、搬运和货位管理工作，现在还需要认真学习智慧物流配送设施装备的使用，为后续的工作打下扎实的基础。

🔶 知识储备

配送设备是指货物从配送中心到客户手上，根据客户要求进行送货的过程中所涉及的设备，包括无人机、无人配送车、智能快递柜、智能可穿戴设备等。

一、无人机

无人机（如图4-18所示）其凭借灵活等特性，预计将成为特定区域未来末端配送的重要方式。中国企业在该项技术领域具有领先优势，且政府政策较为开放，未来无人机的载重、航时将会不断突破，感知、规避和防撞能力继续提升，软件系统、数据收集与分析处理能力将不断提高，应用范围将更加广泛。

　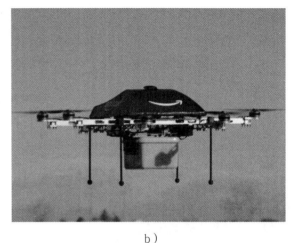

a）　　　　　　　　　　　　b）

图4-18　无人机

二、无人配送车

无人配送车（如图4-19所示）在送货时，可以主动躲避障碍，并识别红绿灯以及道路情况。此外，无人配送车还能给用户发送短信，可以通过人脸识别和短信验证码来取走自己的货物。

图4-19　无人配送车

三、智能快递柜

智能快递柜（如图4-20所示）技术较为成熟，已在一二线城市得到推广，包括以顺丰为首的蜂巢、菜鸟投资的速递易等一批快递柜企业已经出现，但当前快递柜仍然面临着使用成本高、便利性和智能化程度不足、使用率低、无法当面验货、盈利模式单一等问题。

图4-20　智能快递柜

四、智能可穿戴设备

1. 智能手表

智能手表（如图4-21所示）是可穿戴物流智能设备中比较常见的一种，它集成了多种功能，如GPS定位、语音识别、拍照、短信和电话提醒等。对于快递员、配送员等物流人员，智能手表可以通过定位功能实现对他们的实时监控，同时也能通过语音识别与调度中心沟通交流，提高了工作的效率。

2. 智能眼镜

智能眼镜（如图4-22所示）是一种集成了显示屏、摄像头、语音识别和计算机等多种功能的可穿戴设备。在物流业中，智能眼镜可以为物流人员提供实时信息和物流进程，并通过显示屏和语音提示，提供货物的详细信息和货运须知，从而更加安全和高效地管理货物。

图4-21　智能手表

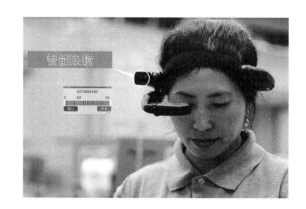

图4-22　智能眼镜

3. 智能手套

智能手套是一种结合了传感器和计算机等多种技术的可穿戴设备。它可以通过感应货物的重量、体积和温度等数据，为物流人员提供实时的货物信息和处理方法，大大缩短了物流业务的处理时间，提高了工作效率。

除了上述三种设备之外，还有一些其他类型的可穿戴物流智能设备，如智能耳机、智能臂章等，它们在物流业中也有着各自的应用场景和优势。

任务实践活动

一、发布任务实践活动

某公司的仓管员小明想要尽快适应新工作，请你帮助小明认识智慧物流配送设施装备并了解它们的用途。

要求：

1）结合所学的设施装备，完成无人机送货作业。

2）每4个同学为一组，分工合作，团队协作，注意操作的规范性和人身安全。

3）每个小组派一名代表进行实操总结，分享学习收获。

二、任务实践活动实施步骤

（一）任务实施过程

按照送货通知单的信息，利用无人配送车完成送货任务。

步骤1：将打包好的快递放入无人配送车。

步骤2：设置无人配送车路线。

步骤3：根据设定路线，自动驾驶前往驿站。

无人配送车自动行驶在公开道路上，全程安全稳定，如图4-23所示。

a）   b）

图4-23 无人配送车配送

步骤4：精准停在送货门口。

步骤5：自动开门完成取货。

到达驿站后，无人配送车会通过电话/短信通知驿站客户取货，同时柜门自动打开，方便客户取货，如图4-24所示。

a）

b）

图4-24　无人配送车取货

步骤6：完成送货自动返程。

送货完成后，完成任务自动返程。

（二）安全注意事项

结合本节课的任务，写出需注意的安全事项：

_____

_____

_____

三、任务实践活动工作页

结合本节课的任务，制订计划，并完成表4-7内容的填写。

表4-7　"智慧物流配送设施装备"工作计划

一、人员分工	
1. 小组负责人：_____	
2. 小组成员及分工	
姓名	分工
二、写出无人配送车的工作流程	

四、任务实践活动评价

根据实践活动，开展小组自评、小组互评，教师点评，完成评价表填写，具体评价内容及标准见表4-8和表4-9。

（一）自评互评

表4-8　学生评价表

考核点			分值（100分）	小组自评	小组互评
知识与技能考核		装车	10		
		启动无人送货车	15		
		凭短信取货	15		
		送货返程	15		
		记录流程	15		
	工作任务	系统操作	5		
		送货	5		
		实操总结	5		
职业素养考核情况		能良好地与老师同学们沟通交流	5		
		能理解新发展理念	5		
		能够查找自身不足并改进	5		
合计					

（二）教师评价

表4-9　教师评价表

考核点			分值（100分）	教师评分
课堂表现		是否迟到、早退	10	
		是否用手机做与课堂无关的事	10	
知识与技能考核		知识点掌握情况	10	
	工作任务完成情况	系统操作	15	
		送货	15	
		实操总结	10	
职业素养核	课前课后	是否做好预习工作	10	
		是否能理解新发展理念	10	
		是否能够查找自身不足并改进	10	
合计				

巩固拓展

一、选择题

随着无人机、机器人、自动化等技术在仓储、运输、配送、末端等各物流环节的应用，使农村电商最后一公里的配送问题得到了改善。

（1）和传统的配送方式相比，无人机配送的优势是（　　）。

　　①速度快　②载重大　③人力成本低　④受天气的影响小

　　A. ①②　　　　　　B. ①③　　　　　　C. ②④　　　　　　D. ③④

（2）近几年，最适合推广无人机进行配送的区域是（　　）。

　　A. 城市中心的城中村　　　　　　B. 机场周边的农村

　　C. 低山丘陵区的乡村　　　　　　D. 高山林区的山村

二、简答题

智慧配送设备主要有哪些?

三、论述题

随着快递行业的迅猛发展，智能快递柜应运而生。尽管智能快递柜遍地开花，但诸如"不告而投""懒人快递"等"甩手柜"问题频现，对此请谈谈你的看法。

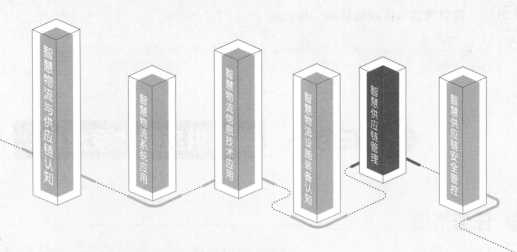

项目五

智慧供应链管理

项目简介

供应链（Supply Chain）是指生产及流通过程中，围绕核心企业的核心产品或服务，由所涉及的原材料供应商、制造商、分销商、零售商直到最终用户等形成的网链结构。

供应链管理（Supply Chain Management）是指从供应链整体目标出发，对供应链中采购、生产、销售各环节的商流、物流、信息流及资金流进行统一计划、组织、协调、控制的活动和过程。

供应链服务（Supply Chain Service）是指面向客户上下游业务，应用现代管理和技术手段，对其商流、物流、信息流和资金流进行整合和优化，形成以共享、开放、协同等为特征，为客户创造价值的经济活动。

学习目标

📖 知识目标

- 认识智慧供应链管理。
- 清楚智慧供应链管理涉及的领域。

✔ 技能目标

- 能够对业界典型案例进行初步分析与经验借鉴。

📋 素养目标

- 培养主动了解国家政策和对行业动态的意识，以及技能报国的品德素养。
- 培养举一反三、擅于分析总结的学习和工作习惯。

建议学时

本项目建议学时为 10 个学时。

任务一　智慧供应链体系建设

任务情境

小王刚入职某电子商务公司的物流部。由于行业发展日新月异，他需要了解行业以及标杆企业的动态。他上网搜集了一些资料，如案例所示，假如你是小王，请对案例进行分析、总结。

分析案例：拼多多的供应链。

1. 企业简介

拼多多成立于2015年9月，是国内主流的手机购物App之一。拼多多最早起源于水果拼购，从脱贫攻坚到乡村振兴，长期深耕农业领域。用户通过发起和其他用户的拼团，以更低的价格，拼团购买商品，旨在凝聚更多人的力量，用更低的价格买到更好的产品，体验更多的实惠和乐趣。2018年7月26日，拼多多在美国上市。

2. 拼多多的流量

腾讯是拼多多的第二大股东，在双方的战略合作中，腾讯（主要是微信）给予了拼多多流量、技术、资金、支付等全方位的资源支持。2017年，拼多多的平均获得客户的成本只有11元，其对流量的使用效率堪称奇迹。

3. 拼多多的供应链

能管好流量，并不意味着一定能做好供应链，因为两者的管理理念截然不同。拼多多的流量经营是一种"轻"模式，借平台、借资源是其最有效的方式，企业只是一个流量转化工具，不依赖自身创造流量，这就是微信之于拼多多的价值所在。供应链的经营却完全不同，是一种彻头彻尾的"重"模式，拼多多要构建闭环供应链，必须要完全掌控从入驻商家管理、交易结算、物流运转、商务谈判等环节，期间所要投入的人力、物力、资金和时间等成本无法估量。千人团队规模经营全国市场的流量，是完全可能的，但是要做供应链，团队规模至少得再加一个数量级。

"拼多多未来的成败，供应链是最关键的因素"，一位怡亚通供应链高管说："阿里巴巴、京东、怡亚通、拼多多，是目前下沉市场中的四个重要企业，与其他三家相比，拼多多的供应链积累是最薄弱的，因为它既没有怡亚通遍布全国300多个城市的分销网络，也没有阿里巴巴零售通与村淘的协同体系，更没有京东对供应链上游的强大话语权。在线上线下融合加速的大趋势下，留给拼多多改善供应链体系的时间不长了，但整合供应链的难度远远高于流量的获取。"这个观点也许正是拼多多当时最大的软肋。因此，供应链将是拼多多的战略管理重点。

整顿供应链就必然会优胜劣汰，清退不合规的商家，打假便成为比较好用的手段，但商家却未必认可这种手段，如频频出现的商家围堵拼多多上海总部事件，就是商家激进的抗议行为。这种纠纷不但恶化了平台与商家的关系，坐实了平台售假的事实，而且事件经网络发酵、传播后，给拼多多的品牌带来了较大的负面影响。打假逼退大量不合格商家，也许只需要很短的时间，但新商家的引进和成长需要的周期会更长，因此，在青黄不接时期，如何保证网站的成交金额持续快速增长？打假成了一个不可避免，又无法低调处理且损失惨重的环节，这是拼多多供应链网络的"第一难"。

拼多多供应链的"第二难"是时间和成本。拼多多仅用了3年时间，就积累了3亿多用户，每季度流量几乎是呈指数级增长的，但供应链的整合，却无法像流量增长一样迅速，而是逐步积累呈线性增长的。

阿里巴巴和京东已经证明，用纯线上的模式是无法服务好下沉市场用户的，要黏住用户，就必须线上线下充分融合。拼多多的网上流量很快会到达天花板，把矛头调转向下，是未来必需的战略，而这一切都将依赖于其供应链体系的建设。但是，品牌线下的供应链环节众多、利益纠葛烦琐。拼多多要花多少时间和成本才能建立一个能和其他电商平台抗衡的供应链体系？尤其在拼多多已经上市，资金和信息完全透明的情况下，又有几个投资人愿意长时间承担亏损风险，持续投入一个数年也未必能见效的项目？

百货业的转型就是"八仙过海，各显神通"，有些是服务的改变，有些是在建筑方面体现，有些会设置一些潮流的东西吸引顾客。海雅集团就有一个购物中心和六家百货店，都有不同的定位，有些门店可能会作为折扣店，这种定位跟电商正好融合。

（资料来源：https://www.iyiou.com/news/2018073077934）

知识储备

一、智慧供应链概念

供应链是围绕核心企业，通过对商流、物流、信息流、资金流的控制，从采购原材料开始，到制成中间产品以及最终产品，最后由销售网络把产品送到消费者手中，将供应商、制造商、分销商、零售商直到最终用户连成一个整体的功能网链模式，如图5-1所示。

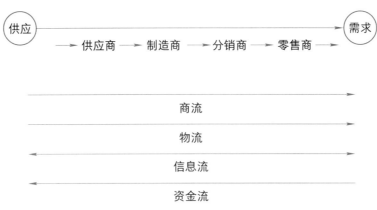

图5-1　供应链模型

　　智慧供应链是结合物联网技术和现代供应链管理的理论、方法和技术，在企业中和企业间构建的，实现供应链的智能化、网络化和自动化的技术与管理综合集成系统。这一概念由复旦大学罗钢博士首先提出。

二、供应链管理的细分领域

　　供应链管理的细分领域有基本职能领域和辅助职能领域。基本职能领域主要包括：产品开发、产品技术保证、采购、制造、生产控制、库存控制、仓储管理、分销管理、市场营销等。辅助职能领域主要包括：客户服务、设计工程、会计核算、人力资源等。

三、供应链管理的核心理念

　　（1）系统集成思想。把独立决策的分散组织成员通过各种管理机制和手段，集成一个有机整体，共同实现整体利益最大化目标。

　　（2）以客户为中心。供应链全体成员的共同目标是让最终顾客更满意。

　　（3）"双赢"合作竞争理念。供应链的成员企业组成动态联盟，彼此信任、合作开拓市场、追求最大化的效益、分享节约的成本和创造的收益。

　　（4）基于新一代信息技术的应用。现代网络信息技术与战略联盟思想的结晶是供应链管理战略，其运行的技术基础是高度集成的网络信息系统。

✖ 任务实践活动

一、发布任务实践活动

根据任务情境中的案例，完成以下实践活动：

（1）阅读案例，查找整顿拼多多供应链的关键性举措，将内容填写在工作页空格横线上。

（2）阅读案例，查找构建拼多多供应链的办法，将内容填写在工作页空格横线上。

（3）思考该企业是否还存在其他问题？有什么举措可以解决这些问题？将内容填写在工作页上。

二、任务实践活动实施步骤

步骤1：全班分组，确定项目组名称。

每组选出1名小组负责人，通过小组讨论确定项目组名称。

步骤2：分析案例，归纳总结。

以项目组为单位，通过案例分析，思考并讨论：应该如何整顿拼多多的供应链？拼多多应该如何构建供应链？将关键性内容填写在空格横线上。

步骤3：查找资料，思维拓展。

针对案例背景以及搜集到的企业资料进行分析，该企业是否还存在其他问题？有什么举措可以解决？将内容填写在工作页上。

步骤4：各组推荐代表上台分享。

各组制作汇报PPT，并派一名代表上台将本组查找的资料与大家分享。

三、任务实践活动工作页

根据情境案例，以小组为单位，完成工作页（表5-1）的填写。

表5-1　智慧供应链体系建设工作页

一、人员分工
1. 小组负责人：_____
2. 小组成员及分工

姓名	分工

二、陈述汇报内容

1. 整顿拼多多的供应链需要：（1）清退_____的商家，选择能给消费者提供有质量保证的产品供应商；（2）提高响应_____、降低供应链各环节中的成本。

2. 构建供应链需要：选择质量和信誉有保证的全渠道供应商，选择好的物流服务供应商，加强客户关系管理，提高_____黏性，充分融合_____供应链体系。

（续）

3. 拼多多的供应链存在什么问题？
4. 有什么举措可以改进拼多多供应链存在的问题？

四、任务实践活动评价

根据实践活动，开展小组自评、小组互评、教师点评，完成评价表填写，评价内容及标准具体见表5-2和表5-3。

（一）自评互评

表5-2　学生评价表

	考核点		分值（100分）	小组自评	小组互评
知识与技能考核	供应链定义		10		
	供应链管理的领域		10		
	供应链管理的核心理念		10		
	工作任务	整顿拼多多的供应链	15		
		拼多多构建供应链	15		
		思维拓展	10		
职业素养考核情况	能良好地与老师同学们沟通交流		10		
	能理解新发展理念		10		
	能够查找自身不足并改进		10		
合计					

（二）教师评价

表5-3　教师评价表

	考核点		分值（100分）	教师评分
课堂表现	是否迟到、早退		10	
	是否用手机做与课堂无关的事		10	
知识与技能考核	知识点掌握情况		10	
	工作任务完成情况	整顿拼多多的供应链	15	
		拼多多构建供应链	15	
		思维拓展	10	
职业素养考核	课前课后	是否做好预习工作	10	
		是否能理解新发展理念	10	
		是否能够查找自身不足并改进	10	
合计				

巩固拓展

一、多选题

1. 供应链是由所涉及的（　　　）直到最终用户等形成的网链结构。

　　A. 供应商　　　　B. 制造商　　　　C. 分销商　　　　D. 零售商

2. 供应链管理是对供应链中各环节的（　　　）进行统一计划、组织、协调、控制的活动和过程。

　　A. 商流　　　　　B. 物流　　　　　C. 信息流　　　　D. 资金流

3. 供应链管理的核心理念包括（　　　）。

　　A. 企业间无合作　　　　　　　　B. 系统集成思想

　　C. 以客户为中心　　　　　　　　D. 分散组织成员

二、简答题

智慧供应链管理的领域有哪些?

任务二　智慧供应链下的采购管理

⊛ **任务情境**

　　小王就职于某公司的采购部，随着供应链模式的不断发展，他需要了解行业以及标杆企业的动态，他上网搜集了一些资料，如案例所示。假如你是小王，请对案例进行分析和总结。

　　分析案例：通用电气公司照明产品分部采购工作。

　　制造和销售任何产品都需要很多合作伙伴，比如：零部件供应商、设备维护公司、制造和销售厂商等。通用照明产品分部对良好合作导致高效的生产这一点深有体会。该灯泡制造商位于Cleveland的26家组装工厂的产品线，一天24小时不停生产，不同机器互相配合，生产数以百计型号的灯泡。任何单独机器上的一个部件出了毛病，也就意味着整个生产线停工。以前这家公司对付这种问题只能用老办法：当机器部件故障导致生产停止时，就向机器部件供应商提交紧急订单。但现在通用照明产品分部用一种全新的眼光看这个问题：利用互联网来和商业伙伴保持更亲密的关系，使生产不再停止。

利用互联网，商业合作者之间可以创造一种无缝的、自动化的供应链系统，使合作者之间配合默契，就像一个实体一样，从而能够更快地处理订单，改进库存管理，更灵敏地完成订单，支持敏捷制造。

以前，通用照明产品分部采购代理每天浏览领料请求并处理报价。要准备零部件的工程图样，还要准备报价表，这样，一封发给供应商的信件才算准备好。简单地申请一次报价就要花几天时间，一个部门一个星期要处理100～150次这样的申请，然后公司把完成的申请寄给供应商。全球原料系统经理斯特勒说道："机器零部件单位中的一些人一天的工作基本上就是往信封里塞东西。"一般地说，通用照明产品分部的采购过程要花22天。

现在，通用照明产品分部正在把这种笨拙、过时的处理过程转变成一种流水线式的过程，整个过程只需花8天。电子商务是创建这一流水线式采购系统的关键，该系统把公司55个机器零部件供应商集成在一起，开始使用贸易伙伴网络（TPN），这是通用照明产品分部的兄弟部门开发的一个外部网。把TPN集成进以前的采购系统后，分布在世界各地的原材料采购部门可以把各种采购信息放入该外部网，原材料供应商马上就可以从网上看到这些领料请求，然后用TPN给出初步报价。

工厂个人领料部门使用一个IBM大型机订单系统，每天一次，领料要求被抽取出来送入一个批处理过程，自动和存储在光盘机中的相对应的工程图样相匹配。与大型机相接的一个Unix系统和图样光盘机把申请的零部件的代码与TIFF格式的工程图相结合，自动装载，之后一种基于Windows桌面工具自动把该领料请求通过格式转换后输入网络。零部件供应商看到这个领料请求后，利用浏览器在TPN上输入他的报价单。

根据通用照明产品分部咨询服务副主管的统计，用上TPN后，几个通用公司的电子分公司，平均采购周期缩短了一半，降低了30%的采购过程费用，而且由于联机报价降低成本，使原材料供应商也降低了原材料价格。

 知识储备

一、智慧供应链下的采购管理的特点

1. 从传统小采购向大采购转变

随着采购管理的发展，采购的角色职责也在转变，从"小采购"向"大采购"发展，通过管理需求和管理供应商来影响供应链总成本。

2. 从为库存到为订单转变

订单驱动的采购方式使签订供应合同的手续得到简化，交易成本也因此降低。在供应链环境下，用户响应时间缩短，采购物资能够直接进入生产部门，减轻了采购部门的工作压力。此外，信息传递方式也发生了变化。供应商共享制造商的信息，提高了供应商的应变能力，减少了信息失真。同时，供应商在订货过程中不断进行信息反馈，修正订货计划，使订货与需求保持同步，实现了面向过程的作业管理模式的转变。

3. 从企业内部向外部资源管理转变

外部资源管理（供应管理）是供应链企业从内部集成走向外部集成的重要一步。要实现有效的外部资源管理，企业的采购活动应和供应商建立一种长期、互惠互利的合作关系，通过提供信息反馈和培训支持，参与供应商的产品设计和质量控制过程，协调供应商的计划，建立新的、具有不同层次的供应商网络，并通过逐步减少供应商的数量，致力于与供应商建立合作伙伴关系。

4. 从买卖关系向战略伙伴关系转变

基于战略伙伴关系的采购方式是解决库存问题、风险问题的新途径。战略伙伴关系可以为双方共同解决问题提供便利条件，降低采购成本。战略伙伴关系消除了供应过程的组织障碍，为实现准时化采购创造了条件。

二、供应商选择的程序和方法

合作伙伴的评价、选择是供应链合作关系的基础。供应商选择、评价操作流程如图5-2所示。

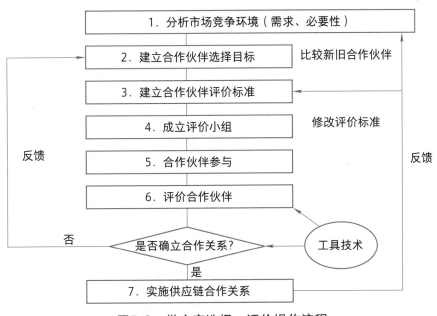

图5-2　供应商选择、评价操作流程

三、智慧供应链下的供应商关系管理

供应链中的上下游企业之间合作关系的紧密程度各有不同，具体排序如图5-3所示。

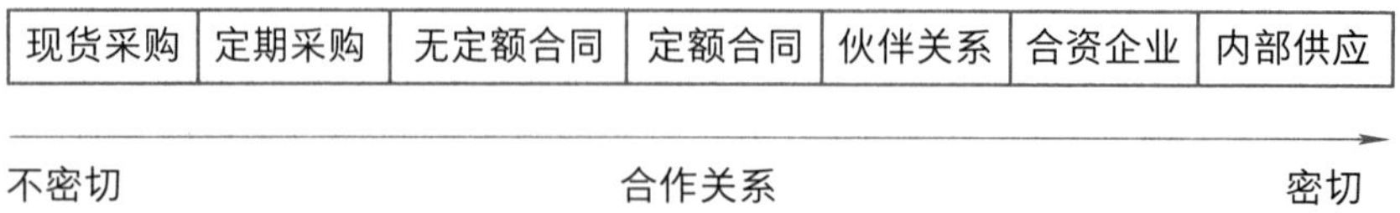

| 现货采购 | 定期采购 | 无定额合同 | 定额合同 | 伙伴关系 | 合资企业 | 内部供应 |

不密切 ————————————— 合作关系 ————————————→ 密切

图5-3 供应链上下游企业关系

供应商合作关系类型应当与所采购部件以及市场的特性相适应。三种典型供应商合作关系的特点与区别见表5-4。

表5-4 供应商合作关系的特点与区别

关系类型	买卖关系	优先型供应商	伙伴型供应链	
			供应伙伴	设计伙伴
关系特征	运作联系	运作联系	战术考虑	战略考虑
时间跨度	1年以下	1年左右	1~3年	1~5年
质量	按顾客要求并选择	顾客要求； 顾客与供应商共同控制质量	供应商保证； 顾客审核	供应商保证； 供应商早期介入设计及产品质量标准； 顾客审核
供应	订单订货	年度协议+交货订单	顾客定期向供应商提供物料需求计划	电子数据交换系统
合约	按订单变化	年度协议	年度协议（>1年） 质量协议	设计合同质量协议等
成本/价格	市场价格	价格+折扣	价格+降价目标	公开价格与成本构成 不断改进以降低成本

供应商关系管理是智慧供应链下采购工作里一个很关键的环节。在智慧供应链下，供应链合作伙伴关系管理需要考虑的问题之一是合作伙伴的数量，其中有单一供应商和多供应商两种模式。

选择一家供应商单独供货优点是：节约协调管理的时间和精力，有利于与供应商发展伙伴关系；双方在产品开发、质量控制、计划交货、降低成本等方面共同改进；供应商早期参与对供应链价值改进的贡献机会较大。缺点是：供应商的失误可能会导致整个供应链的崩溃；企业更换供应商的时间较长、成本较高；供应商有了可靠顾客，会失去其竞争的原动力以及应变、革新的主动性，以致不能完全掌握市场的真正需求。

多选择几家供应商共同供货的优点是：通过多个供应商供货可以分摊供应环节中断的风险；可以激励供应商始终保持旺盛的竞争力；可以促使供应商不断创新。缺点是：降低了供应商的忠诚度；多供应商之间过度价格竞争容易导致供应链出现质量下降等潜在风险。

双赢关系已经成为供应链企业之间合作的典范，双赢关系的采购策略有以下特点：制造商对供应商给予协助，帮助供应商降低成本、改进质量、加快产品开发进度；通过建立相互信任的关系提高效率，减少交易或管理成本；通过长期的信任合作取代短期的合同；具有较多的信息交流。

✖ 任务实践活动

一、发布任务实践活动

根据任务情境中的案例，完成以下实践活动：

1）阅读案例，查找通用照明分部采购存在的问题，将内容填写在工作页空格横线上。

2）阅读案例，查找通用照明分部改善采购工作的方案，将内容填写在工作页空格横线上。

3）阅读案例，查找通用照明分部改善改善后的效果，将内容填写在工作页空格横线上。

二、任务实践活动实施步骤

步骤1：全班分组，确定项目组名称。

每组选出1名小组负责人，通过小组讨论确定项目组名称。

步骤2：分析案例，归纳总结。

通用照明分部采购存在的问题；通用照明分部改善采购工作的方案；改善后的效果；将关键性内容填写在空格横线上。

步骤3：各组推荐代表上台分享。

各组制作汇报PPT，并派一名代表上台将本组查找的资料与大家分享。

三、任务实践活动工作页

根据情境案例，以小组为单位，完成工作页（表5-5）的填写。

表5-5 智慧供应链下的采购管理工作页

一、人员分工	
1. 小组负责人：＿＿＿＿＿＿＿	
2. 小组成员及分工	
姓名	分工

二、陈述汇报内容

1. 采购存在的问题：采购效率＿＿＿＿＿＿＿，供应商关系管理不到位。

2. 改善方案：通过电子商务创建一个流水线式的采购系统。将机器零部件供应商集成在一起，在＿＿＿＿＿＿＿共享信息。

3. 改善后的效果：平均采购周期缩短了一半，降低了30%的采购过程＿＿＿＿＿＿＿，而且由于联机报价降低成本，使原材料供应商也降低了原材料＿＿＿＿＿＿＿。采购工作惠及供需双方。

4. 查找资料了解案例的企业后，我们可以从中学习到什么经验？

四、任务实践活动评价

根据实践活动，开展小组自评、小组互评，教师点评，完成评价表的填写，评价内容及标准具体见表5-6和表5-7。

（一）自评互评

表5-6　学生评价表

	考核点		分值（100分）	小组自评	小组互评
知识与技能考核	智慧供应链下的采购管理的特点		10		
	供应商选择的程序和方法		10		
	智慧供应链下的供应商关系管理		10		
	工作任务	案例中改善采购工作的措施	15		
		案例中存在的问题及原因分析	15		
		案例中改善后的效果	10		
职业素养考核情况	能良好地与老师同学们沟通交流		10		
	能理解供应链发展理念		10		
	能够查找自身不足并改进		10		
合计					

（二）教师评价

表5-7　教师评价表

	考核点		分值（100分）	教师评分
课堂表现	是否迟到、早退		10	
	是否用手机做与课堂无关的事		10	
知识与技能考核	知识点掌握情况		10	
	工作任务完成情况	案例中改善采购工作的措施	15	
		案例中存在的问题及原因分析	15	
		案例中改善后的效果	10	
职业素养考核	课前课后	是否做好预习工作	10	
		是否能理解供应链发展理念	10	
		是否能够查找自身不足并改进	10	
合计				

巩固拓展

一、多选题

1. 智慧供应链下的采购管理的特点是（　　　　）。

A. 从传统小采购向大采购转变　　　　B. 从为库存到为订单转变

C. 从企业内部向外部资源管理转变　　D. 从买卖关系向战略伙伴关系转变

2. 合作伙伴的数量的模式有（　　　　）。

A. 单一供应商　　B. 三家供应商　　C. 四家供应商　　D. 多供应商

二、简答题

1. 双赢关系采购策略的特点是什么？

2. 若仅选择一家供应商单独供货，其优点、缺点分别有哪些？

3. 若选择多家供应商进行供货，其优点、缺点又分别有哪些？

▷ 任务三　智慧供应链下的库存管理

任务情境

小张就职于某公司的仓储部，随着供应链模式地发展，他需要了解行业以及标杆企业的动态，他上网搜集了一些资料，如以下案例所示。假如你是小张，请对案例进行分析和总结。

分析案例：雀巢与家乐福的VMI计划。

雀巢公司为世界最大的食品公司之一，由亨利·雀巢设立于1867年，总部位于瑞士，行销全球超过81国，200多家子公司，超过500座工厂，全球员工总数约22万，主要产品涵盖婴幼儿食品、乳制品及营养品类、饮料类、冰淇淋、冷冻食品以及厨房调理食品类、巧克力及糖果类、宠物食品类与药品类等。家乐福公司为世界最大的连锁零售集团之一，1959年设立于法国，全球有9061家店，24万名员工。

雀巢与家乐福在全球均为流通产业的领导厂商，在有效顾客反应（Efficient Consumer Response，ECR）方面的推动更是不遗余力。1999年，两家公司协商在ECR方面进行更密切的合作，雀巢在1999年10月积极开始与家乐福公司的合作，建立整个VMI计划的运作机制，总目标要增加商品的供应率，降低顾客（家乐福）库存持有天数，缩短订货前置时间以及降低双方物流作业的成本。

一、雀巢与家乐福的关系现状

雀巢与家乐福的关系只是单纯的买卖关系，家乐福对雀巢来说是一个重要的顾客。为了决定购买的种类和数量，雀巢对家乐福设有相对应的专属业务人员，在系统方面，双方各自有独立的内部ERP系统，彼此间不兼容，在推动计划的同时，家乐福也正在进行与供货商以EDI联机方式的推广计划，与雀巢的VMI计划也打算以EDI的方式进行联机。

二、双方的投入和实施计划

雀巢与家乐福计划在一年内建立一套VMI系统并运行。具体而言，分为系统与合作模式建立阶段以及实际实施与提高阶段，第一个阶段约占半年的时间，包括确立双方投入资源、建立评估指标、分析并讨论系统的要求、确立系统运作方式以及系统设置。第二个阶段为后续的半年，以先导测试方式不断修正使系统与运作方式趋于稳定，并根据评估指标不断发现并解决问题，直至不需人工介入为止。

具体来讲可细分至五个子计划阶段：

1）评估双方的运作方式与系统，探讨合作的可行性，合作前双方评估各自的运作能力、系统整合、信息实时程度、彼此配合的步调是否一致等，来判定合作的可行性。

2）高层主管承诺与团队建立。双方在最高主管的认可下，由部门主管出面协议细节并做出内部投入的承诺，确定初步合作的范围，开始进行合作。

3）密切的沟通与系统建立。双方人员每周至少集会一次讨论具体细节，并且逐步确立合作方式与系统。包括补货依据、时间、决定方式、建立评分表、系统选择与建置等。

4）同步化系统与自动化流程。不断的测试，使双方系统与作业方式及程序趋于稳定，成为每日例行性工作，并针对特定问题进行处理。

5）持续性训练与改进。回到合作计划的本身，除了使相关作业人员熟练作业方式和不断改进作业程序外，还要不断思考库存管理与策略问题以求改进，长期不断进行下去，进一步研究针对促销品的策略。

在人力投入方面，雀巢与家乐福双方分别设置专门的对应窗口，其他包括如物流、业务或采购、信息等部门则是以协助的方式参与计划，并逐步转变为物流对物流、业务对采购以及信息对信息的团队运作方式。

在经费的投入上，家乐福方面主要是在EDI系统建置方面花费较多，也没有其他额外的投入；雀巢方面除了EDI建置外，还引进了一套VMI系统。

三、运作模式

目前整个VMI运作方式分为五个步骤，说明如下：

每日9:30前，家乐福用EDI方式传送库存与出货信息至雀巢公司。

9:30—10:30，雀巢公司将收到的资料合并至其销售数据库系统中，产生预估的补货需求，并将其写入后端的ERP系统中，根据实际库存量计算出可行的订货量，产生所谓的建议订单。

10:30前，雀巢公司以EDI方式传送建议订单给家乐福。

10:30—11:00，家乐福公司在确认订单并进行必要的修改（量与品种）后回传至雀巢公司。

11:00—11:30，雀巢公司依照确认后的订单备货并出库。

四、实施VMI所取得的成果

在具体的成果上，雀巢除了建置了一套VMI运作系统与方式外，在经过近半年的实际上线执行VMI运作以来，对于具体目标达成上也已有显著的成果，雀巢对家乐福物流中心产品到货率由原来的80%左右提升至95%（超越目标值），家乐福物流中心对零售店面产品到货率也由70%左右提升至90%左右，而且仍在继续改善中，库存天数由原来的25天左右下降至目标值以下，订单修改率也由60%～70%的修改率下降至现在的10%以下。

对雀巢来说最大的收获却是在与家乐福合作的关系上。一方面，雀巢过去与家乐福是单向的买卖关系，顾客要什么就给什么，甚至是尽可能地推销产品，彼此都忽略了真正的市场需求，导致卖得好的商品经常缺货，而不畅销的商品却有很高的库存量，经过这次合作让双方更为相互了解，也愿意共同解决问题，并使原本各项问题的症结点陆续浮现，有利于根本性改进供应链的整体效率，同时掌握销售资料和库存量来作为市场需求预测和库存补货的解决方法。另一方面，雀巢在原来与家乐福的VMI计划基础上，也进一步考虑针对各店降低缺货率，以及促销合作等计划的可行性。

 知识储备

一、库存的概念

我国国家标准《物流术语》（GB/T 18354-2021）将库存定义为："储存作为今后按预定的目的使用而处于备用或生产状态的物品。广义的库存还包括处于制造加工状态和运输状态的物品。"

二、理解库存的分类

库存可以按照用户需求、功能、生产与配送状态等条件来分类。具体的库存类型如图5-4所示。

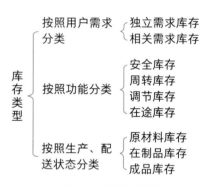

图5-4　库存类型

三、库存的作用

库存的积极作用是帮助实现均衡生产和实现规模经济，消除供需方在空间和时间上的差异，还可以预防不确定性因素。库存的消极作用则是占用资金、增加相关库存成本和引发其他管理问题等。

四、供应链环境下的库存管理策略

供应商管理库存
（VMI）

我国国家标准《供应链管理 第2部分》（GB/T 26337.2-2011）将供应商管理库存（VMI）的定义为：按照双方达成的协议，由供应链的上游企业根据下游企业的物料需求计划、销售信息和库存量，主动对下游企业的库存进行管理和控制的库存管理方式。

VMI实施策略包括：①建立信息共享与沟通的系统平台；②建立合作框架协议与协调机制；③相应的组织结构与流程重组。

《供应链管理 第2部分》将联合库存管理（JMI）定义为：供应链成员企业共同制订库存计划，并实施库存控制的供应链库存管理方式。

JMI实施策略包括：①建立供需协调管理机制；②发挥两种资源计划系统的作用；③建立快速响应系统；④发挥第三方物流企业的作用。

协同式供应链库存管理（CPFR）是指：应用一系列处理和技术模型，提供覆盖整个供应链的合作过程，通过共同管理业务过程和共享信息来改善零售商和供应商的伙伴关系、提高预测的准确度，最终达到提高供应链效率、减少库存和提高消费者满意度的目标。

CPFR实施策略包括：①供应链伙伴达成协议，创建共同业务计划；②创建销售预测，辨识销售预测的例外情况，例外情况的解决与合作；③创建订单预测，识别订单预测例外情况，例外项目的解决与合作，产生订单。

✖ 任务实践活动

一、发布任务实践活动

1）阅读案例，查找雀巢和家乐福实施VMI所做的工作，将内容填写在工作页空格横线上。

2）阅读案例，查找VMI的运行给雀巢和家乐福带来的好处，将内容填写在工作页空格横线上。

3）思考实施VMI对企业有什么要求？将内容填写在工作页上。

二、任务实践活动实施步骤

步骤1：全班分组，确定项目组名称。

每组选出1名小组负责人，通过小组讨论确定项目组名称。

步骤2：分析案例，归纳总结。

以项目组为单位，分析为了实施VMI，雀巢和家乐福做了哪些工作？VMI的运行给雀巢和家乐福带来了什么好处？将关键性内容填写在空格横线上。

步骤3：查找资料，思维拓展。

实施VMI对企业有什么要求？将内容填写在工作页上。

步骤4：各组选出代表上台分享。

三、任务实践活动工作页

根据情境案例，以小组为单位，完成工作页（表5-8）的填写。

表5-8   智慧供应链下的库存管理工作页

一、人员分工

1. 小组负责人：_____

2. 小组成员及分工

姓名	分工

二、陈述汇报内容

1. 实施VMI所做的工作：_____的投入、_____的投入，以及具体实施计划并在实施过程中不断摩擦、争论最后区于一致的完善过程。

2. VMI带来的好处：增加商品的_____，降低顾客库存持有天数，减少_____，缩短订货前置时间以及降低双方物流作业的成本。

3. 实施VMI对企业有什么要求？

各组制作汇报PPT，并派一名代表上台将本组查找的资料与大家分享。

四、任务实践活动评价

根据实践活动，开展小组自评、小组互评，教师点评，完成评价表填写，评价内容及标准见表5-9和表5-10。

（一）自评互评

表5-9   学生评价表

考核点			分值（100分）	小组自评	小组互评
知识与技能考核		库存的概念与分类	10		
		库存的作用	10		
		智慧供应链下的库存管理策略	10		
	工作任务	实施VMI对企业的要求	10		
		案例中为了实施VMI，企业做的工作	15		
		案例中VMI的运行给企业带来的好处	15		
	职业素养考核情况	能良好地与老师同学们沟通交流	10		
		能理解供应链发展理念	10		
		能够查找自身不足并改进	10		
合计					

（二）教师评价

表5-10　教师评价表

		考核点	分值（100分）	教师评分
课堂表现		是否迟到、早退	10	
		是否用手机做与课堂无关的事	10	
知识与技能考核		知识点掌握情况	10	
	工作任务完成情况	实施VMI对企业的要求	10	
		案例中为了实施VMI，企业做的工作	15	
		案例中VMI的运行给企业带来的好处	15	
职业素养考核	课前课后	是否做好预习工作	10	
		是否能理解供应链发展理念	10	
		是否能够查找自身不足并改进	10	
合计				

巩固拓展

一、多选题

1. 按照功能分类，库存的类别有（　　　）。

　A. 安全库存　　　B. 周转库存　　　C. 调节库存　　　D. 在途库存

2. 联合库存管理实施策略有（　　　）。

　A. 建立供需协调管理机制　　　B. 发挥两种资源计划系统的作用

　C. 建立快速响应系统　　　D. 发挥第三方物流企业的作用

二、简答题

1. 库存的作用是什么?

2. 供应链下的库存管理策略有哪些?

任务四 智慧供应链下的生产管理

任务情境

小李就职于某公司的生产部，随着供应链模式的发展，他需要了解行业以及标杆企业的动态，他上网搜集了一些资料，如案例所示，假如你是小李，请对案例进行分析、总结。

分析案例：供应链管理环境下，戴尔的生产计划与控制体系。

近年来，在全球计算机市场不景气的大环境下，戴尔却始终保持着较高的收益，并且不断增加市场份额。戴尔的成功源于其将先进的管理思想用信息技术在企业中的实现。

戴尔有一套较完善的i2 Tradematrix套件，它包括供应商关系管理、供应链管理、客户关系管理几个特殊应用模块，而供应链管理中的工厂生产计划更是发挥了很大的作用，它使戴尔的市场反应很快，能够每3天做一个计划，并能实现自己基于直销方式的及时生产（JIT）。

戴尔公司在进行供应链管理中，体现了协调合作的思想，他们几乎每天都要与上游主要供应商分别交互一次或多次。在生产运营中，客户的需求有所变动时，戴尔也能很快反应，通过与供应商的协调合作进行调整。由于戴尔与供应商之间没有中间商的阻隔，所有来自客户的最新的消息都被以最快的速度及时反馈给供应商，以便供应商据此调整自己的生产计划。从接到订单开始，戴尔就快速反应，根据订单制订生产进度计划，并将物料需求信息传达给自己的供应商或者是自己的后勤供应中心，并给工厂下达基于供应商的生产进度计划表，而供应商和后勤供应中心在指定的时间准时将材料运送到工厂中去，从而实现自己的实时生产。

戴尔的生产计划信息模块在最初就集成了五个方面的应用，并体现了企业对信息的实时跟踪与反馈。通过企业的工程材料加工和成本跟踪（EMPACT）的应用，跟踪企业的小批量订单，并将信息传入企业的运行数据仓库（ODS），它实时地支持生产决策，这主要是因为库中汇集了各种数据，并集成了历史数据用以预测分析。而同时，企业的订单管理系统将订单信息发给加工工厂，而加工进度跟踪编码系统会创建一个唯一的标签号，用以对订单的完成情况进行实时追踪。运行数据仓库与加工进度跟踪系统之间也不断进行信息数据的交换，两者也将生产的报告传至工厂的管理部，而他们同时会将调整的生产计划传回加工进度跟踪系统中。在整个信息系统中能够实现对订单的实时跟踪反馈，使企业的生产更符合最终客户的需要，从而使生产更加有效。

生产流程的规范性与信息技术的有效使用，使戴尔的生产计划更贴近市场的需求，从而减少库存，提高企业的竞争力。

 **知识储备**

一、供应链生产计划管理的基本内容

一是需求预测，对需求的预测是供应链中所有战略性和规划性决策的基础；企业应该将需求预测与供应链中所有使用预测或影响需求的计划活动联系起来。二是供给管理，通过综合计划控制成本；综合计划是关于全局性的决策；企业通过它决定一定时期内的生产能力、安排、外包、库存情况以及定价等问题。三是考虑供给的需求管理，通过定价和综合计划最大化利润。

二、供应链生产计划的特点

供应链生产计划具有纵向和横向的信息集成过程；纵向是指供应链由下游向上游的信息集成，横向是指生产相同或类似产品的企业之间的信息共享。供应链生产计划丰富了能力平衡在计划中的作用；能力平衡是分析生产任务与生产能力之间差距的一种手段，为投入计划、生产计划、外包决策等提供依据，也保证了上下游企业生产能力状态的实时对应，使供应链生产计划更具有可行性。供应链生产计划的循环过程突破了企业的限制；传统的生产计划是在企业内部独立、封闭的，而供应链环境下的生产计划是上下游企业间协同、联动的。

三、供应链生产控制的特点

1．生产进度控制

根据生产计划，检查原材料的投入和产出数量、时间和配套性，保证产品能准时生产；供应链环境下的生产控制难度更大，因为许多产品是协作生产的和外包的业务，因此需要建立可以有效进行生产进度信息的跟踪和反馈的机制。

2．供应链的生产节奏控制

只有供应链上各企业之间保持节奏一致，供应链的同步化才能实现。供应链中某一个企业不能按节奏进行，供应链就会出现不稳定或中断的情况，最终导致供应链对用户需求的响应性下降，因此严格控制供应链的生产节奏是相当重要的。

3．提前期管理

供应链环境下的生产控制中，提前期管理是实现快速响应用户需求的有效途径。缩短提前期、提高交货期的准时性是保证供应链获得敏捷性和柔性的关键。

4．库存控制和在制品管理

在供应链环境下，实施多级、多点、多方管理库存的策略，对于提高供应链下的库存管理水平、降低成本有重要意义；供应商管理库存、联合库存管理等供应链库存管理方法，对降低库存都有重要作用。

✖ 任务实践活动

一、发布任务实践活动

1）阅读案例，查找戴尔公司能够实现及时生产（JIT）的原因，将内容填写在工作页空格横线上。

2）阅读案例，查找戴尔公司的生产管理成功之处，将内容填写在工作页空格横线上。

二、任务实践活动实施步骤

步骤1：全班分组，确定项目组名称。

每组选出1名小组负责人，通过小组讨论确定项目组名称。

步骤2：分析案例，归纳总结。

以项目组为单位，通过案例分析，思考戴尔公司为何能够实现及时生产（JIT）？戴尔公司生产管理的成功之处是什么？将关键性内容填写在空格横线上。

步骤3：各组选出代表上台分享。

各组制作汇报PPT，并派一名代表上台将本组查找的资料与大家分享。

三、任务实践活动工作页

根据情境案例，以小组为单位，完成工作页（表5-11）的填写。

表5-11　智慧供应链下的生产管理工作页

一、人员分工
1. 小组负责人：＿＿＿＿＿＿
2. 小组成员及分工

姓名	分工

二、陈述汇报内容

1. 戴尔的i2 Tradematrix套件，包括＿＿＿＿＿＿、＿＿＿＿＿＿、＿＿＿＿＿＿几个特殊应用模块，它使戴尔公司的生产反应速度很快。

（续）

2．戴尔公司的生产成功之处在于：较好地运用了供应链管理工具和方法，使得戴尔的生产计划更贴近市场的需求，从而减少_____，提高企业_____。

3．查找资料了解案例的企业后，我们可以从中获得什么经验？

四、任务实践活动评价

根据实践活动，开展小组自评、小组互评，教师点评，完成评价表填写，评价内容及标准见表5-12和表5-13。

（一）自评互评

表5-12　学生评价表

	考核点		分值（100分）	小组自评	小组互评
知识与技能考核	供应链生产计划管理的基本内容		10		
	供应链生产计划的特点		10		
	供应链生产控制的特点		10		
	工作任务	戴尔公司实现及时生产（JIT）的原因	20		
		戴尔公司的生产管理成功之处	20		
职业素养考核情况	能良好地与老师同学们沟通交流		10		
	能理解供应链发展理念		10		
	能够查找自身不足并改进		10		
合计					

（二）教师评价

表5-13　教师评价表

	考核点		分值（100分）	教师评分
课堂表现	是否迟到、早退		10	
	是否用手机做与课堂无关的事		10	
知识与技能考核	知识点掌握情况		10	
	工作任务完成情况	戴尔公司实现及时生产（JIT）的原因	20	
		戴尔公司的生产管理成功之处	20	
职业素养考核	课前课后	是否做好预习工作	10	
		是否能理解供应链发展理念	10	
		是否能够查找自身不足并改进	10	
合计				

巩固拓展

一、多选题

供应链生产控制的特点包括（　　　　）。

A. 生产进度控制 　　　　　　　　　　B. 供应链的生产节奏控制

C. 提前期管理 　　　　　　　　　　　D. 库存控制和在制品管理

二、判断题

1. 综合计划是关于全局性的决策。 　　　　　　　　　　　　　　（　　　）

2. 供应链环境下的生产计划是在企业内部独立、封闭的。 　　　（　　　）

三、简答题

1. 供应链生产计划管理的基本内容是什么？

2. 供应链生产计划的特点是什么？

 任务五　智慧供应链下的物流管理

任务情境

小赵就职于某公司的物流部，随着供应链模式地发展，他需要了解行业以及标杆企业的动态，他上网搜集了一些资料，如案例所示，假如你是小赵，请对案例进行分析、总结。

分析案例：冠生园集团借力第三方物流。

冠生园集团是国内拥有"冠生园""大白兔"两个著名商标的老字号食品集团。近几年，集团生产大白兔奶糖、蜂制品系列和酒、冷冻微波食品、面制品、互易鲜等新产品，市场需求逐步增加，集团生产的食品总计到达了2000多个品种，其中糖果销售近4亿元。市场需求增大了，运输配送会跟不上。

冠生园集团作为在上海市拥有3000多家网点并经营市外运输的大型生产企业，物流管理工作非常重要。他们通过第三方物流，限制了自己的搞运输配送带来的弊端，加快了产品流通速度，增加了企业的效益，使冠生园集团产品更多更快地进入了千家万户。2002年年初，冠生园集团下属合资企业达能饼干公司领先做出探究，将公司产品配送运输全部交给第三方物流。物流外包试下来，不仅配送准时准点，而且费用要比自己搞节约很多。达能公司把节省下来的资金投入到开发新品与改良包装上，使企业又上了一个新台阶。为此集团销售部门特地组织各企业到达能公司去学习，打算在集团系统推广他们的做法。经过选择比拟，集团托付上海虹鑫物流有限公司作为第三方物流机构。

虹鑫物流与冠生园签约后，通过集约化配送，较大地提高了效率。每天一早，他们会在计算机上输入冠生园相关的配送数据，制订出货最正确搭配装车作业图，规划准时、合理的车流路途，绝不让车辆走回头路。货物不管多少，就是两三箱也送。此外，根据签约要求，遇到货物损坏，要按规定赔偿。据统计，冠生园集团自托付第三方物流以来，产品的流通速度加快，而且实行的是门对门的配送效力。由于第三方物流配送准时周到、保质保量，商品的流通速度加快，使集团的销售额有了较大增长。

第三方物流机构能为企业节省物流成本，提高物流效率，这已被越来越多的企业所认识。据悉，美国波士顿东北大学供应链管理系统调查，登上《财富500强》中的企业有六成半都使用了第三方物流服务。在欧洲，许多仓储和运输业务也都是由第三方物流来完成的。

作为老字号企业的冠生园集团，产品规格品种多、市场辐射面大，靠自己配送运输成本高，为此，他们实行物流外包战略。签约虹鑫公司，发展门对门物流配送，产品流通速度加快，销售额和利润有了较大增长。根据供应链的理论来说，当今企业之间的竞争事实上是供应链之间的竞争，企业之间的产品、规模，谁的成本低、流通速度快，谁就能更快赢得市场，因此，物流外包充分利用外部资源，也是当今增加企业核心竞争力的一个有效的举措。

知识储备

智慧供应链下的
物流管理

一、物流业务外包的推动因素

供应链管理要求供应链核心企业将其他不具有核心竞争力的业务外包给其他能够做得

更好的企业。一般制造企业和商业企业的核心竞争力并不在物流方面，它们为了发挥自己在主营业务上的特长，提高效率，降低在不擅长的物流运作方面的成本，必然要把自己所在供应链上的物流业务外包给适合的、能胜任的第三方物流企业去完成。物流业务外包的推动因素主要有三个：物流需求的增长，专业物流服务商队伍的发展壮大，信息技术迅速发展。

二、供应链物流服务项目及内容

供应链物流环节包括采购物流、生产物流、销售物流、国际物流等，不同环节都有各自提供的服务项目和内容，见表5-14。

表5-14　供应链物流服务项目及内容

供应链物流环节	物流服务项目举例	服务内容
采购物流	代理供货系统	原材料、零部件从供货商到生产线供货 及时配送、共同保管、共同配送、库存管理、紧急应对
生产物流	工厂物流业务整体外包	工厂内物流、发送管理等对顾客生产活动的侧面支援、物料管理、包装设计、包装作业、发送管理、运输作业等
销售物流	信息、保管、配送网络系统 长距离运输网络系统 大型物件、精密机器物流	集信息、保管、配送功能一体化的物流系统 经济、快捷的国际运输网络 长距离整车运输、配载运输、特殊物品运输、中转运输 各种工程项目用物资，需要谨慎搬运的精密仪器，商品的运输、搬入、安装等一条龙服务
国际物流	进口、出口物流 海外物流 第三国物流	陆、海、空运输手段的效率化 利用国际物流信息系统顺畅地进行进口、出口以及第三国物流活动
其他	会展品、美术品运输 搬家、大规模搬迁	会展品、美术品的包装、运输、搬入、安装、搬出 搬家、工厂大规模搬迁等

✖ 任务实践活动

一、发布任务实践活动

1）阅读案例，发现冠生园从物流外包中得到的好处，并将发现填写在工作页空格横线上。

2）阅读案例，探寻工商企业物流外包的意义，并将发现填写在工作页空格横线上。

二、任务实践活动实施步骤

步骤1：全班分组，确定项目组名称。

每组选出1名小组负责人，通过小组讨论确定项目组名称。

步骤2：分析案例，归纳总结。

以项目组为单位，分析案例冠生园集团从物流外包中得到的好处。归纳总结工商企业物流外包的意义。将关键性内容填写在空格横线上。

步骤3：各组选出代表上台分享。

各组制作汇报PPT，并派一名代表上台将本组查找的资料与大家分享。

三、任务实践活动工作页

根据情境案例，以小组为单位，完成工作页（表5-15）的填写。

表5-15 智慧供应链下物流管理工作页

一、人员分工

1. 小组负责人：_____

2. 小组成员及分工

姓名	分工

二、陈述汇报的内容

1. 冠生园从物流外包中得到的好处：产品的流通速度加快，实行_____的配送服务，_____有了较大增长，更重要的是能集中精力开发新产品、提高产品质量、改进包装。

2. 工商企业物流外包的意义：物流外包有利于工商企业集中核心业务，充分利用_____，提高整体竞争实力；有利于企业节省物流费用，降低_____，加快流通速度，赢得更多市场份额。

3. 查找资料了解案例的企业后，我们可以从中获得什么经验？

四、任务实践活动评价

根据实践活动，开展小组自评、小组互评，教师点评，完成评价表填写，评价内容及标准见表5-16和表5-17。

（一）自评互评

表5-16　学生评价表

考核点			分值（100分）	小组自评	小组互评
知识与技能考核	物流业务外包的推动因素		15		
	供应链物流服务项目及内容		15		
	工作任务	分析工商企业物流外包的意义	20		
		第三方物流需求的来源	20		
	职业素养考核情况	能良好地与老师同学们沟通交流	10		
		能理解供应链发展理念	10		
		能够查找自身不足并改进	10		
合计					

（二）教师评价

表5-17　教师评价表

考核点			分值（100分）	教师评分
课堂表现	是否迟到、早退		10	
	是否用手机做与课堂无关的事		10	
知识与技能考核	知识点掌握情况		10	
	工作任务完成情况	分析工商企业物流外包的意义	20	
		第三方物流需求的来源	20	
职业素养考核	课前课后	是否做好预习工作	10	
		是否能理解供应链发展理念	10	
		是否能够查找自身不足并改进	10	
合计				

巩固拓展

一、多选题

物流业务外包的推动因素主要包括（　　　　）。

A. 企业内部门职责划分不明确　　　　B. 物流需求的增长

C. 专业物流服务商队伍的发展壮大　　D. 信息技术迅速发展

二、单选题

产成品的运输、保管、配送等属于（　　　　）。

A. 采购物流　　　　B. 生产物流　　　　C. 销售物流　　　　D. 国际物流

三、简答题

1. 采购物流的服务内容是什么?

2. 生产物流的服务内容是什么?

3. 国际物流的服务内容是什么?

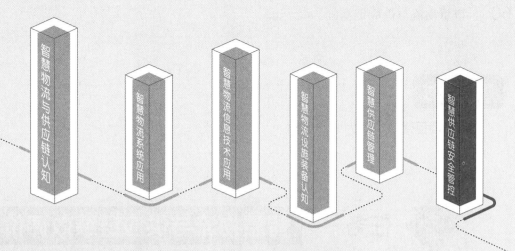

项目六

智慧供应链安全管控

项目简介

　　智慧物流与供应链绩效管理的关系在于，智慧物流可以提高供应链的效率和效益，而供应链绩效管理则可以对智慧物流的运营效果进行评估和管理，帮助企业识别和解决供应链中的问题，改进供应链的运作，提高绩效水平。通过将智慧物流与供应链绩效管理相结合，可以更加全面地了解供应链的运营情况和效率，并采取相应的措施进行改进和优化。

　　绩效评估是供应链绩效管理中的重要工作，对于衡量供应链目标的实现程度及提供决策支持都具有十分重要的意义。通过建立完善的管理体系和采用先进的技术手段，可以实现供应链的高效运作和安全保障。

　　智慧供应链的安全与风险防控主要是通过识别和评估供应链中可能出现的风险，并采取相应的措施来降低风险。

学习目标

📖 **知识目标**

- 掌握供应链绩效评价和指标体系的基本内容。
- 学会识别、分析、评价和应对供应链风险的方法。

🎯 **技能目标**

- 能应用供应链绩效评价的指标体系中的相关指标内容对某条具体的供应链进行评价。

📝 **素养目标**

- 提高学生的风险防范意识和创新意识。
- 培养学生的团队合作能力和解决问题的能力，以及提高学生的探究精神，激发学生对供应链绩效评价的兴趣和热情。

建议学时

本项目建议学时为 8 个学时。

 任务一　智慧物流与供应链绩效评价

任务情境

案例：A公司是一家制造业企业，面临供应链管理效率低下的问题。为了改进现状，他们选择了一些关键的供应链考核指标，并进行了实际应用和分析。A公司在供应链管理中应用的考核指标见表6-1。

表6-1　A公司供应链管理考核指标

考核指标	目标值	实际值	分析角度
交货准时率（%）	>95%	91%	供应商选择和合作关系—生产计划与物流协同
库存周转率	>8次	6.5次	库存管理和预测准时性—订单管理流程
成本控制	<10%	11%	成本节约—采购策略与供应链协同
响应时间	<24小时	30小时	订单处理流程和信息沟通—供应链协同能力

 知识储备

一、供应链管理绩效评价思想

供应链绩效即供应链管理体系（含组织、流程、IT系统）在输入—处理—输出过程中量化特性。供应链绩效评价围绕供应链的目标，对供应链整体、各环节（尤其是核心企业运营状况以及各环节之间的运营关系等）所进行的事前、事中和事后分析评价。评价供应链的绩效，是对整个供应链的运行绩效、供应链节点企业、供应链上的节点企业之间的合作关系所做出的评价。

二、供应链管理绩效评价方法设计理念

效益（Effectiveness）：系统产出符合其客户需求与期望。

效率（Efficiency）：系统如何以最少资源来产出。

适应性（Adaptability）：系统处理未来变化的应变能力。

三、供应链管理绩效评价的目的

以客观有效的绩效评价方法，了解导入供应链管理体系后的应用情况，避免企业浪费。具体来看：

1）用于对整个供应链的运行效果做出评价。

2）用于对供应链上各个成员企业做出评价。

3）用于对供应链内企业与企业之间的合作关系做出评价。

4）除对供应链企业运作绩效的评价外，还用于对企业未来行为的激励。

四、供应链管理绩效评价特点

1）与传统的绩效评价相比，供应链评价指标更为集成化。这种方法使企业能更好地从整个供应链的角度分析问题，而不单独从一个企业自身分析，从而反映整个供应链的优化。

2）供应链绩效注重组织的未来发展性，加强绩效管理的前瞻性。

3）绩效评价除了对企业内部运作的基本评价之外，还把注意力放在外部链的测控上，以保证内外在绩效上达到一致。

4）非财务指标和财务指标并重，关注供应链的长期发展和短期利润的有效组合，实现两个目标之间的有效传递。

5）供应链绩效评价系统注重指标之间的平衡。

五、常见的供应链绩效测评五要素

常见的供应链绩效测评五要素见表6-2。

表6-2　常见的供应链绩效测评五要素

要素	用户服务	成本管理	运作质量	生产率	资产管理
内容	用户满意度	物流成本	交货可靠性	完成订单的能力	库存周转率
	产品柔性	生产成本	响应性	信息系统支持	资产回报率
	交货速度	供应链总成本	订单柔性	先进的发运通知系统	
			交货柔性		

六、供应链绩效评价应遵循的原则

随着供应链管理理论的不断发展和供应链实践的不断深入，为了科学、客观地反映供应链的运营情况，应该考虑建立与之相适应的供应链绩效评价方法，并确定相应的绩效评价指标体系。在实际操作上，为了能建立有效的评价供应链绩效的指标体系，应遵循如下原则：

1）应突出重点，要对关键绩效指标进行重点分析。

2）应采用能反映供应链业务流程的绩效指标体系。

3）评价指标要能反映整个供应链的运营情况。而不是仅仅反映单个节点企业的运营情况。

4）应尽可能采用实时分析与评价的方法。要把绩效度量范围扩大到能反映供应链实时运营的信息上去，这要比仅做事后分析有价值得多。

七、常见的供应链绩效评价体系

（一）基于供应链运作参考模型的评价体系

供应链运作参考（Supply Chain Operation Reference，SCOR）模型是目前影响最大、应用面最广的参考模型，它能测评和改善企业内、外部业务流程。SCOR模型的应用可以帮助企业识别问题、制定解决方案、衡量绩效、优化流程和提升价值。它主要包含四个层次：

层次一是管理过程，包括Plan（计划），Source（采购），Make（制造），Deliver（交付）和Return（退货）。

层次二是过程指标，包括成本、时间、质量和灵活性。

层次三是诊断标准，用于评价每个过程的执行情况，包括过程目标、诊断问题和解决方案。

层次四是最佳实践，是指在各个过程中最好的方法和技术，能够提高执行效率和结果的方法。通过优化供应链，企业可以实现更高效的运营和更好的竞争力，提高产品和服务的质量，降低成本，增强可持续性经营，提升品牌形象和声誉。

（二）基于供应链平衡记分卡的评价体系

哈佛商学院著名的会计学教授罗伯特·卡普兰等人提出了"平衡记分卡"（Balanced Scorecard，BSC）评价体系。BSC不仅是一种评价体系，而且是一种管理思想的体现，其最大的特点是集评价、管理、沟通于一体，即通过将短期目标和长期目标、财务指标和非财务指标、滞后型指标和超前型指标、内部绩效和外部绩效结合起来，使管理者的注意力从短期的目标实现转移到兼顾战略目标实现。

该体系分别从财务角度、顾客角度、内部过程角度、学习和创新角度建立评价体系。其中，财务角度指标显示企业的战略及其实施和执行是否正在为供应链的改善做出贡献；顾客角度指标显示顾客的需求和满意程度；内部过程角度指标显示企业的内部效率；学习和创新角度显示企业未来成功的基础。

✕ 任务实践活动

一、发布任务实践活动

学生以小组为单位，完成如下几个任务：

1）根据案例资料，分析A公司的绩效指标能力，做出分析，并提出改进措施。

2）查找资料，梳理供应链绩效评价方法、特点、原则以及评价其对企业发展所起的作用。

3）每组选派一名代表进行成果分享。

二、任务实践活动实施步骤

步骤1：全班分组，确定项目组名称。

全班分4组，每组选出1名小组负责人，通过小组讨论确定项目组名称。

步骤2：分析案例，探究提高A公司供应商绩效的策略。

以项目组为单位，通过学习案例，探究提高提高A公司供应商的绩效策略。

步骤3：查找资料，梳理供应链绩效评价内容。

上网查找梳理供应链绩效评价方法、特点、原则、模型等内容，进行总结。

步骤4：各组选出代表上台分享。

各组制作汇报PPT，并派一名代表上台将本组查找的资料与大家分享。

三、任务实践活动工作页

任务实施要求：4～6人为一组展开讨论，完成工作页（表6-3）的填写。

表6-3　智慧物流与供应链绩效评价工作页

一、人员分工
1. 小组负责人：_____
2. 小组成员及分工

姓名	分工

二、陈述汇报内容

1. 根据案例中供应商绩效数据，对相关数据进行整理。

2. 通过上述数据整理，可选择从供应链产销平衡、供应链库存管理、供应链采购管理等方向进行分析，预测A公司经营中出现的风险。

3. 针对出现问题提出解决方案，以提高供应商绩效。

四、任务实践活动评价

根据实践活动，完成小组自评、小组互评、教师点评，具体评价内容及标准见表6-4和表6-5。

（一）自评互评

表6-4　学生评价表

		考核点	分值（100分）	小组自评	小组互评
知识与技能考核		总结供应链绩效评价特点、原则	10		
		理解供应链绩效评价对企业的作用	15		
		梳理供应链绩效评价模型应用	15		
	工作任务	能线上线下多渠道查阅文献资料，并对相关数据进行整理	5		
		能通过供应链绩效评价预测公司经营中可能面临的风险	10		
		能针对预测的风险提出解决方案	10		
		积极参与任务实践活动全过程	5		
	职业素养考核	能良好地与老师同学们沟通交流	10		
		能通过整理数据发现问题	10		
		能够查找自身不足并改进	10		
合计					

（二）教师评价

表6-5　教师评价表

		考核点	分值（100分）	教师评分
课堂表现		是否迟到、早退	5	
		是否用手机做与课堂无关的事	5	
知识与技能考核		知识点掌握情况	10	
	工作任务完成情况	能线上线下多渠道查阅文献资料，并对相关数据进行整理	10	
		能通过供应链绩效评价预测公司经营中可能面临的风险	15	
		能针对预测的风险提出解决方案	15	
		积极参与任务实践活动全过程	10	
职业素养考核	课前课后	是否做好预习工作	10	
		是否能通过整理数据发现问题	10	
		是否能够查找自身不足并改进	10	
合计				

巩固拓展

一、单选题

1. 供应链绩效评价的是供应链的（　　）。

 A. 运营指标　　　B. 运营效果　　　　C. 运营标准　　　　D. 运营方法

2. 供应链绩效评价中，指标是现状的指示，其意思是提供供应链运营的（　　）。

 A. 标准　　　　　B. 监控　　　　　　C. 信息　　　　　　D. 指导

3. 供应链绩效评价指标必须是（　　）。

 A. 全面分析　　　B. 重点突出　　　　C. 全面完善　　　　D. 重点分析

4. 好的供应链绩效评价指标能反映客户、企业、供应链自身的（　　）。

 A. 投资　　　　　B. 竞争　　　　　　C. 需求　　　　　　D. 市场

5. 供应链运作参考（SCOR）模型用于供应链评价的优点是能够给出涵盖整个供应链的（　　）。

 A. 连接方式　　　B. 表达方式　　　　C. 描述方式　　　　D. 指标值

二、简答题

1. 供应链绩效评价的作用有哪些？

2. 为什么供应链绩效评价有这些作用？

任务二　智慧供应链安全与风险管控

任务情境

华为应对智慧供应链风险措施

华为是全球领先的信息与通信技术（ICT）解决方案供应商，专注于ICT领域，坚持稳健经营、持续创新、开放合作，在电信运营商、企业、终端和云计算等领域构筑了端到端的解决方案优势，为运营商客户、企业客户和消费者提供有竞争力的ICT解决方案、产品和服务，并致力于实现未来信息社会、构建更美好的全连接世界。由于芯片的技术垄断，华为无法寻找可替代供应商。面对来自美国的芯片管制，华为是如何应对的？其应对的主要措施有哪些？

一、供应链风险管理概念

供应链管理涉及商流、物流、信息流、资金流等，包括生产、运输、仓储等诸多过程，其中任何一个过程出现问题都会影响供应链安全，造成供应链风险。在数字化时代，数字化分析方法与工具为抵御供应链风险提供了技术保障。但技术本身易受外界复杂系统影响，特别是在逆全球化、发达国家供应链主动脱钩等趋势下，如何确保全球高技术行业的供应链安全成为日益紧迫的问题。

2009年，我国制定了《供应链风险管理指南》（GB/T 24420—2009），该标准在参考国际航天质量标准、美国机动车工程师协会标准和欧洲航空航天工业协会标准等标准的基础上制定。该标准是我国供应链风险管理的通用指南，包括供应链风险管理的步骤，以及识别、分析、评价和应对供应链风险的方法和工具，适用于各类组织保护其在供应链上进行的产品的采购活动。

供应链风险管理（SCRM）是在持续风险评估的基础上实施战略，管理供应链中的日常风险和异常风险，以降低供应链的脆弱性并确保其连续性。供应链风险管理试图通过协调、整体的方法减少供应链的脆弱性，理想情况下会涉及所有供应链利益相关者，共同识别、分析和解决供应链内或影响供应链的潜在故障点或模式。供应链面临的风险范围从不可预测的自然事件（如海啸和流行病）到假冒产品，并涉及质量、安全、弹性和产品完整性。

二、供应链风险主要类别

常见的供应链风险主要有如下几种。

（一）环境风险

环境风险分为自然环境风险和社会环境风险。自然环境风险是指由于企业把产生的污染物释放到空气中，或在陆地或水道处理工业废料而造成了物质损害和人身伤害，受到重金处罚的风险。社会环境风险是指企业遇到的来自其经营环境的法律、社会、政治和经济等各方面的风险。如政策、法律的改变，使企业的生产经营受到冲击，利润减少。

（二）运营风险

运营风险是指企业在运营过程中，由于外部环境的复杂性和变动性，以及主体对环境的认知能力和适应能力的有限性，而导致的运营失败或使运营活动达不到预期的目标的可能性及其损失。

（三）合规性风险

合规性风险产生于确保遵守法律、法规和政策框架的需要，以及组织或其供应链的不合规或不合法活动曝光引起的可能损失，包括信誉的、运营的和财务的处罚。

（四）技术风险

由于技术活力和技术陈旧、系统或设备故障、数据讹误或偷窃、新技术"初期困难"、系统的不兼容性（例如，当买方与供应商系统需要整合的时候）等引起的战略风险和运营风险，尤其近几年"卡脖子"关键技术领域等风险。

（五）供应风险

供应风险既是战略风险，又是运营风险，产生的原因包括供应市场不稳定性和资源稀缺性、供应商故障、供应链破坏、供应链和物流的长度和复杂性，等等。

（六）信誉风险

信誉风险分为财务风险和合规性风险两大类。信誉风险产生的原因包括：组织或其供应链所做出的不道德的、没有社会责任感的或破坏环境的活动。

三、供应链风险解决思路

供应链节点繁多，建议先量化单个节点的风险，然后横向比较整个供应链节点风险，形成供应链全流程风险管理网络。具体从识别—评估—控制—监控四个环节循环往复进行。从内部定义风险，基于数据建模分析评估风险，利用智能模块实时监控风险。其控制流程如图6-1所示。

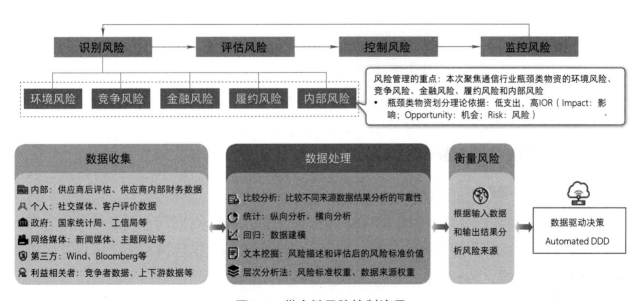

图6-1 供应链风险控制流程

四、供应链风险监控执行路径

建议基于供应链信息池，基于风险标准，获取对应风险权重和标准价值，聚合得到风险分数，并构建供应链控制塔，实现智能风险管控。

（1）形成风险标准集。针对不同情况，识别有意义的风险要素。

（2）获得风险分数。识别风险要素的不同权重、识别风险标准价值和获得单个节点的风险分数。

（3）构建供应链控制塔。构建由底层数据源层、供应链节点风险智能分析层，决策输出层、可视化层的控制塔。

供应链风险监控路径如图6-2所示。

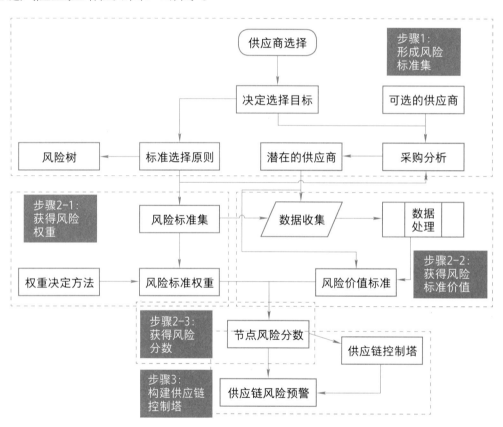

图6-2　供应链风险监控路径

五、常用的智慧供应链风险管理对策

1.多供应商策略

消除供应商原因造成的风险，选择风险可能性低的优秀供应商，其次是采用多供应商策略，甚至设置备用的、冗余的供应商，目的是一旦某一供应商不能正常供货，可以紧急调整供应安排，从别的供应商处采购，同时可以减少对单一供应商的过度依赖，防止被套牢。

2．增加安全库存水平

利用库存的缓冲、调节、平衡的作用，在供应市场波动甚至出现供应短缺时能够保证供给，一定程度上削减到货时间延误之类的供应时间风险的影响，保证供应链连续稳定运行。在保证智慧供应链服务水平的前提下如何降低智慧供应链运作成本，以虚拟库存的形式来降低实体库存水平，是信息时代行之有效的风险防范措施。

3．增加供智慧应链的柔性和反应能力

当今市场需求多样化、服务个性化、时尚多变化、运作全球化、配送及时化的特征越来越明显，市场需求的不确定性大大增加，而不确定性正是风险形成的基本原因。只有充满柔性的智慧供应链，才能对急剧变化的市场需求做出及时、快速的反应，防止供需不能匹配形成的风险。

4．全面的风险管理借鉴

借鉴全面质量管理的理念和管理方法，开展全过程的、全员参与的供应链风险管理，从事先预防、事中控制到事后改进，进行全面的风险管理。

✖ 任务实践活动

一、发布任务实践活动

任务要求：

学生以小组为单位，完成如下几个任务：

1）上网查找资料，了解华为是如何应对来自美国的芯片管制的。

2）具体采取了哪些措施进行应对？

3）每组选派一名代表进行成果分享。

二、任务实践活动实施步骤

步骤1：全班分组，确定项目组名称。

全班分4组，每组选出1名小组负责人，通过小组讨论确定项目组名称。

步骤2：查找资料，归纳总结智慧供应链风险管理对策。

以项目组为单位，通过查找资料，了解华为是如何应对来自美国的芯片管制的，归纳总结智慧供应链风险管理对策。

步骤3：各组选出代表上台分享。

各组制作汇报PPT，并派一名代表上台将本组查找的资料与大家分享。

三、任务实践活动工作页

任务实施要求：4～6人为一组展开讨论，完成工作页（表6-6）的填写。

表6-6　智慧供应链安全与风险管控工作页

一、人员分工
1. 小组负责人：_____
2. 小组成员及分工

姓名	分工

二、陈述汇报内容

1．上网查找资料，了解华为应对来自美国的芯片管制案例具体内容。

2．分析华为企业该问题的原因，从供应商选择角度进行分析。

3．总结华为应对来自美国的芯片管制风险采取措施的优缺点，归纳总结智慧供应链风险管理对策。

四、任务实践活动评价

根据实践活动，完成小组自评、小组互评、教师点评，具体评价内容及标准见表6-7和表6-8所示。

（一）自评互评

表6-7　学生评价表

		考核点	分值（100分）	小组自评	小组互评
知识与技能考核		掌握供应链风险管理概念	10		
		了解供应链风险	15		
		总结不同情况下的智慧供应链风险管理对策	15		
	工作任务	能线上线下多渠道查阅具体企业的资料，对相关数据进行整理后发现风险	10		
		能归纳总结不同情况下的智慧供应链风险管理对策	15		
		积极参与任务实践活动全过程	5		
	职业素养考核	能良好地与老师同学们沟通交流	10		
		是否能通过整理数据发现风险，并提出应对策略	10		
		能够查找自身不足并改进	10		
合计					

（二）教师评价

表6-8　教师评价表

	考核点		分值（100分）	教师评分
课堂表现		是否迟到、早退	10	
		是否用手机做与课堂无关的事	10	
知识与技能考核		知识点掌握情况	10	
	工作任务完成情况	能线上线下多渠道查阅具体企业的资料，对相关数据进行整理后发现风险	15	
		能归纳总结不同情况下的智慧供应链风险管理对策	15	
		积极参与任务实践活动全过程	10	
职业素养考核	课前课后	是否做好预习工作	10	
		是否能通过整理数据发现风险，并提出应对策略	10	
		是否能够查找自身不足并改进	10	
合计				

巩固拓展

一、多选题

1. 环境风险包括（　　）。

　A. 自然环境风险　　　　B. 社会环境风险

　C. 人文环境风险　　　　D. 突发环境风险

2. 信誉风险包括（　　）。

　A. 财务风险　　　　　　B. 财产风险

　C. 合规性风险　　　　　D. 异常性风险

二、判断题

1. 供应链风险管理（SCRM）是在非持续风险评估的基础上实施战略，管理供应链中的日常风险和异常风险，以降低供应链的脆弱性并确保其连续性。（　　）

2. 社会环境风险是指企业遇到的来自其经营环境的法律、社会、政治和经济等各方面的风险。（　　）

3. 供应链节点繁多，建议先量化单个节点的风险，然后横向比较整个供应链节点风险，形成供应链全流程风险管理网络。（　　）

4. 开展全过程的、全员参与的供应链风险管理，从风险事件的事先预防、事中控制到事后改进。（　　）

5. 就供应链而言，其风险的来源是固定的，性质是复杂的，一般来说我们可以进行适当的风险管理。 (   )

三、简答题

1. 常见的供应链风险有哪些?

2. 常用的智慧供应链风险管理对策有哪些?

参 考 文 献

[1] 王能民，何奇东，张萌. 供应链管理[M]. 北京：机械工业出版社，2023.

[2] 王茜，钟惺，张卫林. 智慧物流与供应链基础[M]. 成都：西南财经大学出版社，2023.

[3] 孙明贺. 智慧物流与供应链基础[M]. 北京：机械工业出版社，2023.

[4] 刘晓燕. 配送管理实务[M]. 北京：机械工业出版社，2021.

[5] 慕静，邓春姊，王俊艳. 智慧物流与供应链[M]. 北京：清华大学出版社，2022.

[6] 洪琼，张浩，章艳华. 智慧物流与供应链基础[M]. 北京：北京理工大学出版社，2022.

[7] 李文锋. 智慧物流[M]. 武汉：华中科技大学出版社，2022.

[8] 朱卫锋. 物流自动化技术及应用[M]. 武汉：华中科技大学出版社，2013.

[9] 施先亮. 智慧物流与现代供应链[M]. 北京：机械工业出版社，2020.

[10] 霍艳芳，齐二石. 智慧物流与智慧供应链[M]. 北京：清华大学出版社，2020.

[11] 周任重，姜洪，赵艳俐. 供应链管理[M]. 北京：机械工业出版社，2019.

[12] 李汉卿，姜彩良. 大数据时代的智慧物流[M]. 北京：人民交通出版社，2018.

[13] 王喜富. 大数据与智慧物流[M]. 北京：清华大学出版社，2016.